Develop
Children's Learning
Ability

王金海 著

培养孩子的学习力

北京燕山出版社
BEIJING YANSHAN PRESS

图书在版编目（CIP）数据

培养孩子的学习力 / 王金海著 . —北京：北京燕山出版社，2020.4（2021.5 重印）

ISBN 978-7-5402-5627-2

Ⅰ . ①培… Ⅱ . ①王… Ⅲ . ①学习方法—家庭教育 Ⅳ . ① G791 ② G78

中国版本图书馆 CIP 数据核字（2020）第 017033 号

培养孩子的学习力

著　　者：王金海
责任编辑：刘朝霞　李瑞芳
封面设计：门乃婷工作室
出版发行：北京燕山出版社有限公司
社　　址：北京市丰台区东铁匠营苇子坑 138 号
邮　　编：100079
电话传真：86-10-65240430（总编室）
印　　刷：天津旭丰源印刷有限公司
开　　本：880 × 1230　1/32
字　　数：131 千字
印　　张：8.75
版　　次：2020 年 6 月第 1 版
印　　次：2021 年 5 月第 5 次印刷
书　　号：ISBN 978-7-5402-5627-2
定　　价：42.00 元

目　录

第三章 —— 学会放手，培养孩子的生存能力

第四章 —— 有责任心的孩子，在哪里都是优秀者

第五章 —— 帮孩子找到自己的梦想，让孩子自觉自发努力

前　言

每个孩子都可以成为学霸，但是需要父母的智慧来正确引导！

我有个学弟，曾以优异的成绩考入浙江大学，学习高分子专业，读书能力算是千里挑一，人长得也特别帅气，是大家都很羡慕的对象，然而他却没有办法从浙江大学顺利毕业。因为从大一开始，他就沉迷于网络游戏，没有哪一门功课是一次性通过考试的，都是靠补考和重修，导致最后只能拿到结业证书，没有学位证书。他的母亲到学校百般哭诉，求告学校领导、系主任、辅导员，都无济于事。对她来说，因为培养出优秀的孩子而让大家无比羡慕的荣誉感从此荡然无存。这对一个习惯了“优秀家长”称谓的母亲而言，绝对是重大打击。

我是专门研究家庭教育的，事后曾深度采访了这位学弟及其家长。学弟的家长让我印象最深刻的一句话是：“孩子以前读书自觉性不好，我们为了让他学习，使用了各种各样的办法，孩子学得也很痛苦，我们那时一直勉励他考上大学就好了。”当我和学弟聊天时，我能深刻地感受到他对学习的厌恶情绪，以及他对大学的深深误解。他还振振有词地说：“我不是考上大学了吗？！”

然而，大学本来应该是一个年轻人奋斗的新起点，而不是他失去动力、消磨时光的安乐窝、“养老院”。

优秀的孩子有两种：一种是靠自己努力自然而然形成的优秀，另一种是靠父母扶起来的“被动的”优秀。从表面上看，这两种孩子都是学校的学霸，都有不错的成绩，却会有不一样的结局，也会有不同的人生。靠自己努力换来的优秀后劲儿很足，会持续优秀。靠父母扶起来的优秀只是短期优秀，会不断地遭遇滑坡，甚至发生上面案例中的憾事。

上海的一位妈妈打来电话问："我能否带孩子去参加你们的亲子活动？"我问她："孩子什么情况？是遇到什么麻烦了吗？"她说："我的孩子没有上进心，没有责任心，爱玩游戏，真是拿他没有办法！"语气颇为无奈，甚至夹杂着些许绝望，声音也非常低沉。因为这样的问题比较普遍，我也有点儿习惯了，便随口问了问孩子的情况："孩子多大了？几年级？"对方说："29岁了！"我竟一时语塞，不知如何回应……

年迈的父母，守着一个迟迟长不大的孩子，这真是人生的悲剧。这样的孩子将来如果组建新家庭，则又会带来另一场家庭悲剧。如果大家细心观察的话，就会发现身边这样的情况已经越来越多了。这样的悲剧会在你的身上上演吗？反思一下：这样的孩子是29岁才堕落成这样的吗？肯定不是。这种苦果一定是20多年前错误的教育方式带来的。俗话说："种瓜得瓜，种豆得豆。"春天播错了种子，才有了秋天错误的果子。更让人忧虑不已的是，当下越来越多的父母正在用这种错误的方式培养出一个又一个这样的孩子。这不仅是一个个家庭的悲剧，也是社会的悲剧！

2017年9月7日，香港教育局某副局长的长子从40多层的高楼跳下，不幸身亡。这个孩子中学毕业于香港名校，之后赴海外留学，毕业后回到香港，找到了一份不错的工作。他还会弹钢琴、吉他，也擅长运动，尤其是跑步和骑单车。孩子的母亲在香港教育界的地位也举足轻重。

这样一个享受良好教育资源的家庭竟然也出现了这样的悲剧，让我们不得不思考：我们的教育到底怎么了？我们无数普通家庭的孩子该如何去适应这个社会？资深教育工作者的优秀的下一代，以自毁的方式表达绝望，是不是对教育的最大嘲讽？悲剧如果不引起反思，并且从根源去预防，可能会产生更大的悲剧。

北京大学副教授、临床心理学博士徐凯文对北大的本科生和研究生进行了调查、统计，结果发现：30.4%的学生厌恶学习，认为学习无意义；40.4%的学生认为人生无意义，“我现在活着，只是按照别人的逻辑活下去而已”。

中国青少年研究中心和共青团中央国际联络部调查发现：17岁以下的孩子中，约有3000万人受到各种情绪障碍和行为问题的困扰。另外，北京大学儿童青少年卫生研究所一份历时 3 年多，涉及全国 13 个省的约 1.5 万名学生的《中学生自杀现象调查分析报告》显示：每 5 个中学生中就有 1 人想过自杀。与 20 世纪相比，青少年自杀率提高了 60%。中国每年约有 10 万青少年死于自杀，每 5 分钟就有 1 个人死于自杀。这一系列数据让人触目惊心。

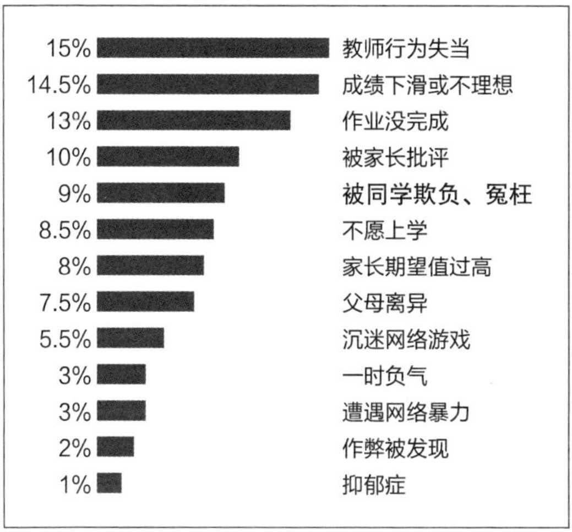

7 ~ 17 岁情绪障碍和行为问题的困扰原因分析

我们可以找出各种理由来指责学校和老师，却解决不了本质问题，孩子的悲剧还在接二连三地发生。在心理学中有个冰山理论，它指一个人的“自我”就像一座冰山一样，我们能看到的只是表面很少的一部分——行为，而更大一部分的内在世界却藏在更深层次中，需要我们用心去挖掘。

孩子出现的问题，表面原因可能是受教师行为失当的影响、不喜欢上学、沉迷于手机游戏、来自同学的压力、来自家长的批评……而深层次的本质原因却是孩子的内心没动力，得了“空心病”。空心病的表现如下：

1. 注意力不集中；
2. 做事三分钟热度；
3. 做作业磨蹭，一拖再拖；
4. 对鼓励和批评无所谓，软硬不吃；
5. 爱玩游戏，容易上瘾；
6. 没有责任心；
7. 情绪对抗；
8. 对学习没有兴趣，甚至厌学；

……

为什么孩子会出现这样的情况？

浮躁的社会＋焦虑的父母＝空心的孩子！今天的社会非常浮躁，大家对很多事情甚至对孩子都失去了耐心，挂在父母嘴边最多的话可能是“快点，快点”的催促。高铁的速度越来越快，手机使人与人之间的联系越来越快速、便捷，很多事虽都能一步到位，却也导致了人心的浮躁。各位思考一下，这种浮躁是普遍现象，还是个别现象？答案当然是——这是存在于社会的、普遍的浮躁。

浮躁对个人的发展影响很大，在喧嚣的洪流中，若不努力站稳脚跟，就会被裹挟着随波逐流，失去目标，失去踏实、勤奋、认真等宝贵的品质。社会浮躁的大环境不会改变，因为经济发展依然是主旋律，但是我们不能让孩子成为社会浮躁的牺牲品。我们必须明白教育孩子不等同于大棚种植，不可以用激素催熟，教育孩子必须符合孩子身心成长的自然规律。我们必须在树苗不能经历风雨的时候，让它充分扎根，才能抗住更大的风雨，成为栋梁之材。

我们家长若不及时觉悟，将自己的焦虑状态打住，未来孩子身上发生的一系列社会行为问题可能会成为普遍现象。

由焦虑导致的缺乏耐心是教育孩子的大忌，体现在日常言语中就如下面这样：

“不能输在起跑线上！”

“只要把学习搞好就行，别的不用你操心！”

“只有考上好大学，未来才能有出息！”

“爸妈做的一切都是为你好！”

“你看看别人家的孩子！”

以上，都是家长焦虑心态的反映。孩子受到负能量的教育引导，只会导致越来越严重的“空心病”。而且调查显示，社会层次越高的家庭可能越容易失去耐心。

回到学习方面，我们发现现在孩子的厌学情绪非常强烈：调查数据显示，初中以上的孩子 60% 出现了厌学情绪。意思是 10 个孩子中就有 6 个讨厌读书，有些厌学情绪严重的甚至会导致辍学。

让孩子在学习和成长上产生困难的根源是什么？我们扶鹰家庭教育研究院（简称“扶鹰”）做了几千份问卷调查，发现导致孩子成绩不好的真正原因不是补习少，而是出在学习动力、亲子关系、记忆力、思维力、师生关系、同伴关系等以往受重视程度不够的方面。

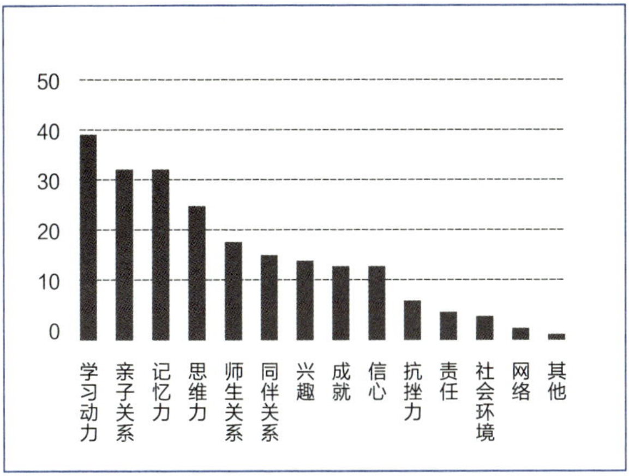

学习成绩影响因素图

我们把所有因素提炼之后，总结出让孩子学习优秀的“三驾马车”：

◎成就、兴趣、信心等可以归结为学习动力因素；

◎记忆力、思维力等可以归结为学习能力因素；

◎不良的亲子关系、师生关系、同伴关系，不理想的社会环境、网络成瘾等可以归结为学习阻力因素。

我们的结论是，超级学霸 = 学习动力 + 学习能力 − 学习阻力！

在本书中，我会详细地阐述这“三驾马车”，同时也会针对每种问题给予具有针对性和可操作性的解决方案。这种方法已经过许多家庭的验证，收获无数好评。我真诚地希望能够把它推荐给愿意为了孩子而提升自己的父母。

愿天下父母都可以幸福自己，成就孩子！

第一章

父母成为导师，引领孩子学习

1

父母的教育决定孩子的未来

我们经常说："三岁看大，七岁看老。"为什么呢？因为 3 ~ 7 岁这个阶段是孩子性格特点、思维模式等形成的关键时期，影响到孩子的一生。在此阶段，父母对孩子施加的影响非常重要。孩子小时候都会经常问父母很多问题，我们试想一个场景，孩子问妈妈："妈妈，天为什么会下雨啊？"如果妈妈此时情绪不佳，她就会脾气暴躁地说："烦都烦死了，衣服还没干，又下雨了。"孩子得到的结论是，下雨是一件让人困扰的事情，虽然没有淋到自己，但是影响到了晾衣服，这可真是糟糕透了——从此他遇到事情也学会了抱怨。如果妈妈此时情绪稳定，心情很好，她会高兴地说："下雨是老天爷对我们的恩赐，妈妈带你一起去感受一下。"孩子就会非常开心地和妈妈走到雨中，感受大自然的这份恩赐——他学会了用欣赏和感恩的眼光看待美丽的自然。母亲的这两种不同的心境和反应，对孩子的性格和思维初步形成时期的影响是不是非常巨大？乐观和悲观有时甚至决定了两种不同的人生。父母对孩子的言传身教，对于孩子来说属于完全无知觉的照单全收的状态。

在孩子小的时候，即使父母错了，孩子也不会加以辨认和有选择地学习。就如一块干海绵，无论给它的是干净的水还是脏水，它都会全部吸收。等孩子吸满水之后，再想改变就非常困难了。所以在孩子还是一张白纸的时候，父母的教育水平对孩子起着至关重要的作用。

古人为什么会选择在依山傍水的地方居住？因为在这样的地方居住，心情会非常愉悦。我们为什么不喜欢让厕所正对着门？因为当我们回到家打开门的时候，闻到一股厕所里传来的味道，心情就可能会非常不好，看到人就会带有主观的坏情绪。坏情绪会影响家人之间的关系，从而影响整个家庭的状态。所以，营造一个温馨、平和的家庭环境，不制造焦虑，让每个家庭成员都感到轻松、愉悦，这对每个家庭成员的发展尤其是对孩子的教育是非常重要的。这一点看似简单，其实需要父母不懈地努力。

我是浙江大学的创业导师。当年我从浙江大学离开的时候，因为内心有反叛因子，不符合传统的保守眼光，所以曾经不被看好。后来就业形势不乐观，人们又开始提倡创业，学校又请我回去给学弟、学妹们讲讲我在外面打拼的经历。

那次我们学院的领导非常重视，让我激励一下学弟、学妹。但是当我站在讲台上的时候，我开口讲的话却是："你们肯定认为考上浙江大学，人生就会很辉煌，我实际想跟你们说的是，浙江大学的学历并不一定能改变你们的命运。因为大部分人，他们的家庭出身、父母给他们的思想观念，已经在很大程度上决定了他们的人生。"一个从农村来的孩子，比如说我自己，当年老实巴交的农民父母给我交代得最多的是凡事要听话，好好努力，规规矩矩，不要惹事儿。所以，我内心也曾非常保守。有一天，我猛然意识到，尽管我将会带着浙江大学的光环在城市里打拼，最后可能也会买得起一套房子，但是，我依然会处于这个城市的底层。只是以前在农村种地，现在在城市里还房贷，仅此而已。我在社会中的层次，并不会有本质的改变。后来，我经历了很痛苦的蜕变，才慢慢改变了父母传递给自己的观念，硬是摸索出一条改变之路。这个过程真的非常艰难（下文中会提到），而我必须承认我是一个幸运儿。

我想说明的是，后天的努力改变不是全无作用，但不是每个人都能及时觉悟和勇于改变。据我自己的经验而言，这条改变之路亦是充满血泪，实在不好走。所以我要劝父母们，请在一开始就努力给孩子正确的教育，不要让他在未来担风险、尝血泪，要为他指出一条康庄大道。

2

孩子的一生很难逃脱父母思想的束缚

网上有篇帖子，非常火爆，讲的是一个银行的 HR 拿到一堆毕业生的简历，这些人是从一些知名大学里选出来到这个银行实习的学生。HR 告诉新来的人事助理：明天这些人要来，有些人会来得比较早；有些人会态度比较好，给你端茶倒水；有些人嘻嘻哈哈的；有些人可能不太理你。这个新来的人事助理非常好奇，心想：HR 从没见过他们，他的说法也不知道准不准。

第二天，新来的人事助理惊讶地发现，当时的情形和头一天晚上 HR 分析的结果几乎吻合。他非常惊讶地问 HR：“你是怎么知道的？”HR 说：“因为我看了一下他们的家庭出身。你想想看，什么家庭的孩子来得会比较早？一般是从农村出来的孩子，因为他的父母很想给孩子讲几句，但是大多不知道银行有哪些岗位，最终他们只会讲一句话：明天早点儿去。那什么家庭的孩子来的时候会嬉皮笑脸的呢？一般是做生意的家庭比较多，因为他们的父母跟他们讲，伸手不打笑脸人，和气生财。什么家庭的孩子来的时候会特别喜欢给你端茶倒水？一般是公务员或者事业单位家庭的孩子。他们从小看着父母怎样去招待别人，尽管他们内心可能很排斥，但是等他们到了工作岗位，也会用同样的方式来对待别人。那什么家庭的孩子来的时候会特别清高呢？一般是知识分子家庭出来的孩子。”

有一个来自做生意家庭的孩子叫小胖，他的爸爸跟他商量：“我们家在银行没有后台，你要好好利用这个实习机会，以后才好找个生意做做。”既然将来要通过银行找生意做，那么他在实习时就要选择有机会认识尽可能多的人的岗位，于是小胖选择了大堂经理的岗位，每天站在门口迎接所有的客人和银行的领导。果然，三个月后，他离开银行，顺利做起了 POS 机的生意，做得也小有成就。

有一个来自知识分子家庭的女孩子，无论到哪一个岗位实习都格格不入，挑三拣四，最后还是离开银行，回学校读了研究生，最后又去当老师了。

通过对以上家庭的分析，你会惊讶地发现，其实这些孩子大都在沿袭着父辈的思维生活。所以很多孩子的一生，都很难逃脱父母思想的束缚。

我算是一个特例。我的父母都没有什么文化，只读过小学一年级。我们家是地地道道的农民家庭，我身上也带了很多农村父母给我们传递的观念。尽管我考上了浙江大学，后来也被保送为浙江大学的博士，但是内心有一种意识觉醒了，非常不想老老实实地一路读下去，不想沿袭父母安于现状的老路，总想突破自己的思维习惯，有朝一日出人头地。于是，我刻意改变了自己人生的轨迹，我没有在学校发展，而是走到社会最底层，从零开始打拼，尝尽了社会的各种人情冷暖，把自己从一个很要面子、总是在乎别人怎么看的人，打磨成了一个内心强大、对自己充满信心的人，人生也开始变得大气和有格局。但我在参加同学聚会的时候发现，我的大部分同学其实仍在延续大学的模式，人生走不出固有思维的框框——来自父母的框框。

我后来做的工作是专门带团队和培养人才。因为自己的成长经历，让我从骨子里相信，每个人都可以逆转不良局面，变得很优秀。当然，我也有非常痛苦的时候，因为有很多人，我们帮助他们需要付出特别多的努力，尤其是深受父母思想束缚的孩子。我身边有个小伙子，曾跟了我五年，他性格非常内向和自卑，虽然他非常勤奋，但就是很难有起色。

一直到五年后，他快 30 岁的时候，他爸爸终于对他失去了耐心，到杭州来接他回去。我带着整个团队，跟着他去西湖边看他的爸爸。这个爸爸看到儿子的那一刻，怒气冲天，甚至对他拳打脚踢，骂自己的孩子不争气。小伙子低着头，眼泪在眼眶里打转，我看了也非常心痛。看到这个爸爸当时那怒气冲天的表情，我心里在想，尽管我花了五年的时间去培养他，但是依然无法对抗他爸爸错误的教育方式给他内心带来的伤痛，所以我当时就下定决心：有一天，我一定要教会天下的父母，在孩子很小的时候，如何正确地培养孩子。这样，孩子到了社会上，他的人生就是不一样的，“命运”会让他少奋斗很多年。

这是我创办扶鹰的初衷，也是我今天能够在教育这个领域里扎得这么深的初心。因为当年的想法和坚持，我们教会了很多父母如何培养孩子，而今天我们也非常骄傲，我们也实现了当初的愿望，有一大批孩子跟着我们学习、进步和改变。我的学员已经遍布全国各地，甚至还有从美国赶过来参加学习的学员。

3

用 30 年的眼光来培养孩子

今天我们培养孩子，到底是为了眼前的成绩，还是为了孩子长大后能有所成就？这两种不同的眼界会决定我们不同的培养方式。

就好比建房子，如果只准备住三个月，你可能只需要造一个工棚就可以了。如果准备住三年，你可能会建一个毛坯房，再做一下简装修，随便铺一下地板、装一下马桶、刷一刷墙面就开始入住了。如果这个房子你准备住 30 年，你会怎么装修呢？你一定会认真地铺设每一块地板，对窗帘、灯具都会仔细挑选，你对待这个房子会非常认真和有耐心。如果这个房子你准备让家人和后代住300年，你会怎么建？从地基的选址到每一块砖的使用，你都会非常考究，你肯定要用好几年的时间才会把它建好，因为你们家至少有十代人会在这个房子里生活。

可能会有人说："老师，你开玩笑吧，怎么可能会有300年的房子？"但其实，今天在欧洲的许多国家，随处可以见到百年以上的房子。很多人的祖辈建房子，后代就继续住在老房子里延续祖辈的生活，通过传承使老房子散发出更大的魅力。但是在中国，爷爷那辈儿造一堵砖墙，爸爸那辈儿造一栋三层楼小房子，自己这辈儿呢，到城市里买个商品房。有了钱，还想在城市里买栋别墅。在房子传承方面，我们非常缺乏长远的眼光。

我们教育孩子也是如此，常常没有耐心，甚至希望三个月就出成果。尤其是距离中考、高考只有三个月的时候，我们会非常急躁，只要看到有地方说"三个月包过班"，可能我们就循着广告过去了。孩子在这个班里学了三个月后，如果真考得还不错的话，很多父母也确实会因为这次成功而特别开心，但其实在孩子心中，也许已形成了巨大的隐患。因为这培养了他短期速成、投机取巧的心态。同时，他从内心也更加依赖老师，对自己的独立学习能力反而更加没有信心。当然，更多的情况可能是，由于父母过于急躁，给孩子造成了很多伤害，甚至把孩子给毁掉了，让孩子逐渐走向自卑或者非常逆反的道路。

如果用三年的眼光来教育孩子，我们内心就会平和很多，对孩子就会更有耐心。有个家长，带着一个非常叛逆的孩子来到我的课堂。这个孩子经常在网吧打游戏不回家，染着五颜六色的头发，而且还是个女生。她妈妈虽然常常在家，却总是酗酒，借助酒精来麻痹自己，以逃避生活中的种种琐碎事务。她爸爸每次回家见到妻子很颓废就会很难过，导致整夜不敢回家，也无心经营自己已经做了 17 年的生意，于是就把它放弃了。

他们带着孩子去全国各地找老师，后来在别人的介绍下，来到我的课堂上听课。他们听完课过来找我，我发现了他们非常急躁且没有耐心的状态，就告诉他们，得做好

“三年”的思想准备。后来，这个妈妈带着孩子，非常耐心地参加我组织的大大小小的活动，而且经常来当志愿者去帮助别人。大概不到半年的时间，这个家庭的变化就非常大，孩子把五颜六色的头发染回了黑色，妈妈的情绪也变得非常稳定。

有一次，我问这个妈妈：“当时我跟你说三年，你为什么就相信我了？”这个妈妈说：“我也不是相信你，而是因为我到全国各地找了很多名师都没有办法帮助我，我在走投无路的情况下，你说三年，我想就三年吧。但是，当我心里想着三年的时候，我就开始能够沉下心，不再急躁，对自己和孩子都变得更有耐心。我发现我跟孩子的关系发生了巨大的变化。我的孩子在你的课堂上，也愿意接受你的教育，后来也变得非常有礼貌、有责任心了。”

然而，我们看到更多的还是非常急躁的父母。有个家长问我：“王博士，怎么办？小升初啦！”我就问他孩子多大年纪了，他说 12 岁了。我说：“如果你的孩子要活到 80 岁，那么还有 68 年，他漫长的人生刚刚开了个头，急什么？”

如果用 30 年的眼光来培养孩子，我们就会变得非常有耐心。为什么要用 30 年？因为一个人真正称得上优秀，大概是在 40 岁。那时，他已经品尝过人生的各种酸甜苦辣，起起落落之后终于“不惑”，对人生有了更加透彻的领悟。所以，今天的父母培养孩子要有长远的眼光，在孩子 10 岁的时候，就要用 30 年的眼光来对待孩子。如果我们准备用 30 年来培养孩子，今天孩子的沉迷游戏、考试倒数等各种令人心焦的问题，都会变成培养孩子养成好习惯、磨炼他品质的好机会。

我身边有一个朋友，她的孩子在初中升高中的时候，本来有保送的机会，但是这个孩子非常要强，她想自己考更好的高中，所以她选择了自己去考试。这个朋友在犹疑不定的时候找到我说：“王博士，你觉得该怎么办？”我说：“我也支持孩子自己考。”于是，这个妈妈就放心地让孩子去努力备考了。但没想到最后中考的成绩出来，孩子竟然考砸了，就连当初能被保送的学校都没有考上。这个妈妈立刻给我打电话说：“王博士，你快来！”见到我的时候，她非常气愤，说：“要不是你当时同意，我也不会支持她自己去考的，你看现在考成这样了！”

我笑着跟她说："请息怒。这也未必不是一件好事，如果我代表大公司选拔人才，在面试的时候，一个应聘者跟我说他小学的成绩不错，初中被保送上高中，考上了一所不错的大学，现在来到这里面试。另一个应聘者，比如像你女儿这样，说她本来初中升高中的时候是可以被保送的，但是她想考更好的学校，于是选择自己考，结果考砸了。同学的嘲笑、老师的不理解给了她非常大的压力，整整一个月，她没有跟任何人联系，把自己关在家里，特别痛苦。但是一个月后，她终于想明白了，她还要继续努力，靠自己站起来。后来，她选择了相对差一点儿的高中，通过高中三年的努力，她也考上了一所非常不错的大学，然后来到这里面试。如果我要选一个领导型的人才，你觉得我应该会给谁机会？毋庸置疑，我会把这个机会给你的女儿，因为她已经受过挫折，靠自己的努力重新站了起来，可以承担更大的责任了。"

所以，如果你培养孩子是为了孩子 30 年后的未来，那么，读书的时候多经历一些痛苦和磨难，在某种意义上也是孩子的一笔财富。如果你的眼光比较长远，你就会把孩子的每次失败都当成培养孩子的好机会。因为只有孩子自己从低谷中站起来，才会获得真正的自信，内心才会变得强大。如果依赖别人的帮助，那么他的内心还是脆弱的。然而，现在大多数父母是不容许孩子失败的，因为他们非常急躁，甚至愿意代替孩子做一切事情，巴不得孩子一路轻轻松松、顺风顺水。这样的孩子，即使考进好大学，他的内心也是脆弱的，到了社会上还要补很多早年欠下的课程。

而如果你教育孩子用 300 年的眼光，你就会想，你到底要给你的后代传承什么？金钱，能传承 300 年吗？我想不能。你今天的社会地位和权力能传承吗？当然也是不能传承的。如果你传承给孩子非常好的学习态度和学习能力，如果你传承给孩子顽强的意志力和拼搏精神，如果你传承给孩子谦逊的态度和宽广的胸怀，我想这将是你们家世代的财富。

第一章

激发动力的三级火箭

1

为何 60% 的孩子失去了学习的动力？

中国青少年研究中心的一项调查显示，初中以上的孩子有 60% 都失去了学习的动力，甚至出现了厌学的情绪。这个问题已经非常严重。那么，这些问题是孩子上初中后才出现的吗？其实不然，是孩子从小就接受错误的家庭教育方式，注定了这样的结果。在孩子成长的道路上，父母无疑是重要的指明灯，但有些父母总是以大人的身份居高临下地对孩子进行“晓之以理，动之以武”的教育。他们以爱为名，实行错误的教育，就像手中握着无形的“七把刀”，温柔地架在孩子的脖子上。

第一把刀：唠叨。

有一个孩子说：“我妈妈叫我起床有三个步骤。第一个步骤是早上跟我说‘快起床啦’。这时候，我可以不用理她，因为很快就会有第二个步骤——‘再不起床就要迟到了’。这时候，我也不需要动，因为还有第三个步骤——‘再不起床，我就来揍你了’。这时候，我就真的要起床了，不起床，她真的会来揍我。”我们惊讶地发现，父母越唠叨，孩子越被动，因为这让他把本来属于自己的事情变成了父母的事情，这对孩子是巨大的伤害。

父母为什么那么喜欢唠叨？唠叨背后的本质是什么？举个例子，有两个老板给员工布置任务。第一个老板每隔十分钟就会问员工：“你做好了没？”过一会儿又去问：“你怎么做得这么慢？”之后又说：“你到底会不会做呀？”还说：“你以前上班是怎么做的？”当这个老板不停地督促员工的时候，这个员工可能心里在想：“这么唠叨，那你自己干好了。”此时，产生这种心态的员工已经失去了责任心。另一个老板告诉员工："这件事交给你来做。"员工说："老板，我还不太会呀！"老板说："没关系，我相信你。你要多久能完成呀？"员工说："大概一天吧。"老板说："我等你的好消息，加油哦。"当老板走后，员工就非常着急，不过，他可能在心里暗暗地发誓："老板这么相信我，我必须把事情做好。"

第一个老板非常唠叨，而第二个老板却言简意赅地对员工表示了信任，这两个老板的行为对员工的积极性的影响是完全不同的。唠叨背后的本质实际上是不信任，当我们不停地跟孩子唠叨的时候，我们其实是在告诉孩子：我们不相信你。人若不被信任，就不愿意承担责任。

第二把刀：比较。

"你看看别人家的孩子！"这是很多父母的口头禅，也是大多数孩子心中最讨厌的话。我问过很多孩子："当你妈妈拿你和别的孩子比较的时候，你心里的感受是什么？"很多孩子回复我："我恨死那个孩子了。"其实，父母们比较的目的是希望自己的孩子向优秀的孩子学习，然而结果却导致我们的孩子与优秀的孩子结下了仇恨，距离优秀越来越远。因为"比较"的潜台词，是对孩子自身的否定。

各位妈妈，请反思一下，如果你的老公每天回家跟你说：“家里这么乱，你看看别人家的老婆，多贤惠！”你的感受是什么？你会不会生气地跟你老公说：“你爱跟谁过跟谁过，老娘不伺候你！”此刻，你的情绪更多的是抵触、抗拒，而不是想改变。孩子的心理状态也是一样的。所以我们用比较的方式，很容易把孩子推向反面。

这个比较的方式，不只会影响孩子的学习，甚至还可能会影响孩子的一生。我去过很多国家，发现全世界的华人都喜欢跟人比较。我们买 LV 的包，我们买大的房子，我们买豪华的车子，很多时候并不是为了追求生活的品质，而是想告诉别人我们有钱。而这种心态不仅不会让人产生真正的满足感，反而会滋生出虚荣感、攀比心和由此带来的无休止的欲望。很多成年人炫耀行为的源头，就是小时候父母教育中的比较行为。

当一个人感到幸福是因为他超越了别人时，他的痛苦很快就会随之而来。因为他会发现这个世界上他战胜不了的人太多了，于是就会长期沉浸在痛苦之中。如果一个人的幸福是因为感受到了自我的成长，他的幸福感就会长期陪伴他，而且他也会陶醉在自我成长的喜悦之中。

一个被“比较”长大的孩子，习惯用迎合他人标准的方式来要求自己。这样的孩子表面上似乎很厉害，但内心其实很脆弱，很容易受到别人的影响。所以，他也很难做一番大事业，因为做大事的人前期往往需要忍受别人的非议和嘲讽。如果一个孩子满足于自我的成长，不需要在与他人的比较中获得满足，他对自我的肯定和信心，就会让他在事业艰难的前期坚持下去，从而获得最终的成功。马云就是这样的一个人。早先中国互联网刚刚兴起的时候，谁也不相信可以成功，但是他相信，所以他改变了一个时代。这种力量就叫自我肯定的力量，这样的人才是真正有领导力的人。如果因为被别人说三道四，马云就开始动摇和放弃，也许今天他只是一个普通人，不可能取得这么大的成就。父母从小给孩子灌输的价值观，在很大程度上决定了孩子一生的命运。父母必须学习如何教育孩子，这也是我一直在全国奔走呼号、乐此不疲地推广家庭教育的重要原因。

第三把刀：打骂。

你或许无法想象，在文明如此进步的中国，打骂孩子的现象竟还如此普遍。我每次讲课都会统计，至少有 70%的父母，依然用这种简单粗暴的方式经营着他们的家庭。这其中包括很多学历很高、社会地位很高的人。尽管他们在外面形象得体、举止高雅，却依然没有意识到去改变这种粗暴的教育方式。甚至有很多父母，他们在一起讨论了很多打孩子的方法，还研究如何打才不会让孩子身体受伤。但是，他们无法理解无论何种打骂，给孩子内心带来的都将会是永远的伤痛。

30 年前的老板，如果发现员工上班不努力，他可以很简单粗暴地说："你再不好好干，我就开除你。"这时，员工也许会卑躬屈膝地求老板不要开除他，因为他的孩子要上学，他家的房子正在建造，等等。在那个年代，员工会卑躬屈膝是因为他们要生存。但是今天，一个老板对他的员工说："你再不好好干，我就开除你。"这个员工就笑了，说："老板，我正准备走呢。"因为今天的员工已经不只是为了生存了，他来上班的时候，他的妈妈可能已经说过："孩子，如果你干不好，就回家来，还是有饭吃的。"所以，现在很多老板说员工不好带，实际上是因为现在的员工更希望被尊重。人越来越注重自身的尊严，这是社会文明进步的表现，也是民主意识的觉醒。这样，每个人才会有更加独立自主的精神，才有可能发挥他的主动性，贡献他的社会价值。

20 年前，也就是现在的父母小的时候，在学校被老师打是家常便饭。我记得，我们的数学老师规定：考试不满 60 分，每少 2 分打一个板子。我每次都考不到 40 分，有一次被打了十几个板子，手被打得通红通红的。我回到家跟我妈诉苦，我妈还说打得好。再看看今天的教育，敢打孩子的老师已经很少了。自从 2017 年一些虐童事件被揭露以来，在整个中国教育界，打孩子现象几乎已经绝迹了。学校的教育，从硬件到软件，已经发生了脱胎换骨的变化。老师都开始蹲下来和孩子说话，他们开始懂得尊重孩子，注重孩子的心理感受，甚至开始考一堆有关心理学等的证书。但是反观一下今天中国的家庭教育，过去 30 年的改变微乎其微，大多数父母还在继承上一辈的家庭教育模式，用简单粗暴的方法教育孩子。父母都希望孩子有独立思考的能力，有创新精神，但是如果父母不改变这种落后的教育方式，这一切都会被消灭在萌芽之中。现在中国的教育，较落后的是家庭教育。家庭教育若不做出改变，这块短板将成为孩子一生素质的短板，也会影响中国人才发展大计。

第四把刀：忽略。

每个人在其一生的各个阶段都需要安全感，尤其是在受教育的早期。如果他没有从父母和较亲近的人身上得到足够的安全感，那么他这一生都会努力地寻找安全感。

我身边有一类对家庭教育非常困惑的人，他们说孩子在学校总捣乱，不专注，不安静，他们为此非常苦恼，四处求助，想各种办法改变孩子。问了这些父母对孩子的日常教育之后，我惊讶地发现，这些孩子有一个共同特点，那就是在 0 ~ 6 岁期间，缺乏父母对自己的关注，甚至父母并不在他们身边，他们是爷爷奶奶带大的。这些孩子在早期没有获得足够的安全感，内心为了寻求父母更多的关注，就用叛逆和捣乱的方式引起注意。而很多父母又读不懂孩子内心的真实需求，就把孩子当成问题孩子，对孩子更加挑剔和指责，于是孩子的问题就进入了恶性循环。

问题孩子的心路历程大概有四个阶段：寻求关注，寻求权力，报复心理，自暴自弃。他想获得更多关注，以此来寻求自己的掌控权。如果得不到，他就会有报复心理，也就出现了在学校对抗老师、在家里逆反父母的行为。如果这样还得不到关注，他就会对自己没有信心，最后出现自暴自弃的行为。而很多父母看到的都是孩子行为的表象，却看不到孩子心里的真实需求，所以就白白错过了培养孩子的关键阶段，在无意识中把孩子变成了老师心目中的问题孩子。

在今天这个时代，连农民种庄稼都会讲究科学种植，都会为此去学习专业的科学知识，研究植物的生长规律和生长周期。哪怕要养一只宠物狗，我们也会去学习如何科学地养育。但是很奇怪，在教育孩子这件事上，很多父母还是用最原始的方法，很少有父母会觉得要去好好学习一下，去研究一下孩子的成长规律，以及如何培养孩子才会让孩子更优秀。难道孩子的未来，都比不上你种的庄稼吗？难道你孩子的价值都不如你养的一只宠物狗吗？

第五把刀：怀疑。

有一个妈妈问我：“王博士，你说我的孩子有可能变得很优秀吗？”我说没有可能。她非常诧异，心里可能在想：“你作为关注孩子成长教育的老师，怎么会说这样的话？”

于是，我回答她："因为你不相信孩子，谁也帮不了你。"

各位家长，你们的孩子从你们的眼神里读取了什么信息？是信任，还是怀疑和否定？很多家长疑惑："我经常鼓励他呀，为什么他还是不努力？"因为孩子感受不到信任。父母传递给孩子的信息只有 7% 是通过语言完成的，其余的 93% 是通过父母的表情和肢体语言来传递的。所以你的眼神出卖了你的内心，就像你跟人打交道的时候，对方喜不喜欢你还需要用语言表达吗？你是能感受到的。

有一位非常优秀的企业家在他的传记中写到，他的孙子特别喜欢拉他一起去游泳，因为他的孙子在跳水的一刹那，只要回望一下爷爷的眼神，就能勇敢地跳下去。可见爷爷的眼神给了孙子多大的信心和力量。当你的孩子遇到困难的时候，你的眼神里传递了什么信息？是担忧，还是恐慌？这是我们每个家长需要反思的。

第六把刀：讽刺。

这是一把伤到骨髓的刀，它砍掉了孩子的善良与童真，直接伤害了孩子的自尊心，把孩子逼到了可怕的虚伪与扭曲中。

很多孩子常常不听父母的劝导，一意孤行，最后犯了错误。这时候，我们常见的场景，是父母落井下石，进行各种讽刺和挖苦，让孩子的内心痛苦不堪。其实孩子知道自己错了，但是因为你的讽刺，他的内心充满了抵触。这并不会让孩子改正以前的毛病和脾气，只会让他产生逆反和对抗心理，变得更加倔强。虽然孩子当时没听你的，但是其实他内心也非常后悔。你只需悄悄地过去抱着孩子说："孩子，没有关系的，我们下一次注意就可以了。"对于之前你教育他但他不听的事一字不提。下一次，你会惊讶地发现，他非常愿意尊重你的建议，因为你保护了他的自尊心。你保护了孩子的自尊心，就会赢得孩子的尊重。

第七把刀：溺爱。

我们总想把更多、更好的留给孩子，这是人之常情，但有些父母一切都是为了孩子，孩子就是他们生活的主角，孩子需要什么，父母只要有能力就想尽办法去满足。

我们为什么会一直满足孩子？这真的是在爱孩子吗？从心理学的角度来反思，这实际上是我们自私的表现，我们是在满足童年时残缺的自己，孩子只是替代品而已。最终，孩子也变成了牺牲品，因为这让孩子不经努力就可以轻易获得想要的东西。这不仅会让孩子变得很虚荣，还会让孩子因为不相信自己的能力而变得很自卑。

孩子一岁的时候，我们可以轻易地帮他捡起一个他够不着的球；孩子三岁的时候，我们可以很容易地帮他把饭喂进口中；孩子上小学的时候，我们也很容易通过托关系，帮他选一个好学校。孩子不会做作业的时候，我们会忍不住出手相助；孩子初中成绩不好的时候，我们会找很多老师给他辅导；孩子长大了不好找工作的时候，我们也会托关系帮他找到很好的工作。但是各位家长，你们想过吗，你们可以代替他来面对他人生中所有的挑战吗？你们可以代替他经营他的家庭吗？你们可以代替他承担他的责任吗？你们终将会离开孩子，但你们让孩子从小对自己形成的依赖，终究会酿成很大的灾难。因为孩子在将来必须独自面对他自己的人生，必须独自承担他自己的家庭责任和社会责任。既然你们并不能承担孩子未来的一切，请在今天学会放手，不要再打着爱孩子的名义去破坏孩子的自主能力，去变相伤害孩子了。

2

激发孩子学习动力的三大层级

孩子小的时候就像一辆自行车，需要我们推着、扶着才能往前走，但是孩子慢慢长大些就变成了摩托车。摩托车与自行车最大的不同是有了自己的动力系统，但是有些父母还是习惯推着、扶着，没有去开启他的发动机。这时候，父母已经感觉有点儿辛苦了，但是还能推得动。再往后，孩子变成了拖拉机，父母推得非常辛苦，已经快推不动了。等孩子到了上初中的年龄，仿佛变成了一列火车。

父母在这时候根本就推不动了，以至于在一些“丧偶式家庭”里，常带孩子的一方因为力不从心而心生怨怼，从而把所有责任都归咎于另一半不管孩子，全家为了孩子矛盾层出不穷。如果你看到路边有一帮人天天推着一辆车走，你会觉得非常荒唐和可笑，父母逼着孩子读书的行为也是同样可笑的——这种情况比比皆是。父母要做的是，除了去推动车子，还需要设法逐步开启它的发动机，让车子顺利启动，甚至父母自己也能在这个过程中学习和思考，每位家庭成员都能得到进步和发展，这就是完美的人生道路。

普通火车的运行速度快，就是因为它自己有发动机。高铁的运行速度比普通火车还要快，是因为它每节车厢都有动力驱动系统。火箭能够冲破大气层的阻力，飞向外太空，是因为它有异常强大的动力系统。未来孩子与孩子之间的差异，就在于他们是否有足够的动力——动力越强，将来越有可能取得好的成就。所以，父母的智慧不单单在于帮助孩子学习知识，而且还要激发孩子的内心动力。我们开发的课程就叫“激发动力的三级火箭”。

举个例子，你知道如何让猫爱上辣椒吗？

我们知道人和猫语言不通，让猫爱上辣椒这件事一定很有难度。关于这件事，有本书上是这样记载的：把辣椒涂到猫屁股上，猫被辣椒辣得很疼，就用舌头去舔屁股以减轻疼痛，时间久了，它就习惯了辣椒的味道，爱上了辣椒。

我们想想看，猫为什么会爱上辣椒？它最初去舔辣椒，只是为了减轻自己的痛苦。一个人真正的动力源泉，是为了满足自己某一种内心的愿望。为了别人而决心做出改变在我们生活中很常见，但真相是为了别人而改变的力量是非常有限的，这一点相信很多妻子都深有体会。比如老公很爱抽烟，老婆经常劝他戒烟，因为抽烟不仅影响自己的身体健康，还会让家人吸二手烟，但是老公就是戒不掉。当某一天他被检查出来因为长期吸烟导致肺部出现问题，整天咳嗽的时候，老婆叫他抽，他都不抽了，他为了自己的身体健康主动戒烟了。当一个人内心的动力被激发时，产生的能量是非常巨大的。

现在，我们来谈谈什么是“激发孩子动力的三级火箭”。

著名社会心理学家马斯洛通过大量调查研究把人的内心需求分为五大层次，此理论把人从低级的生理和安全的需求，到高层次的价值和自我实现需求，都很好地表达了出来。那么，我们该如何借鉴这个理论，帮助孩子激发内心的动力呢？

马斯洛需求层次理论图

我们通过理论分析和实践案例将其总结为三级火箭：第一层级，生存动力；第二层级，责任动力；第三层级，梦想动力。

那么，该如何用这三级火箭来帮助我们的孩子呢？在后面的三个章节中，我会分别详述这三个层级，希望能够帮到家长，让自己的孩子也能成为一个动力满满的孩子。

第二章

学会放手，培养孩子的生存能力

1

孩子这么大了还依赖我，怎么办？

孩子对父母过度依赖，是很多父母的困惑。中国父母过度保护孩子带来的教育结果，是很多孩子严重缺乏独立能力。我们身边经常有这样的情况，孩子刚读到初中或高中，父母就在学校附近租房子陪读。很多孩子甚至上了大学，还会把衣服寄回家让父母洗。为什么很多父母会在生活上一味地照顾孩子？根本原因是中国目前人的空闲时间越来越多。我小的时候，家人都在田里干活。我 8 岁就开始跟着下农田干活，10 岁开始为父母做饭。因为那时候劳动力严重缺乏，整个家庭的成员都忙于生存，没有人有余力过度照顾孩子，所以孩子自然会越来越独立。而现在因为城市化、现代化和计划生育政策，产生了相对的人力闲置，一大家子人往往就围绕着一个或两个孩子，还带来了爷爷奶奶们过度热情地照顾孩子的浪潮。大多数已经退休的祖辈因为突然空闲下来，并且家中就这么一两个宝贝，他们就把过多的时间和精力倾注给了孙辈。祖父母的大量照顾与父母的关注叠加，事无巨细，体贴入微，结果孩子自然就变成了被过度保护的温室花朵。

父母对孩子的照顾不能过度，但陪伴必不可少，尤其要讲究陪伴的“质量”，不可止步于“保姆式”陪伴，不然培养出的必然是只知道依赖的孩子。在美国，社会阶层几乎已经固化，一个社会底层的人想翻身，已经基本没有希望了。这里面包括很多因素，但是其中有一个因素非常重要，那就是孩子出生以后，父母有没有足够的耐心和智慧来陪伴孩子。有引导性的交流，充满了耐心和鼓励的陪伴，并在陪伴中有意识地训练孩子的独立能力与对自己负责任的态度，孩子的智力发育就会更快，安全感会更足，将来到了社会上才会有更大的追求，也容易获得更大的成就。

如果父母只是陪伴，而没有耐心的交流，或是缺乏正确的引导，一味地满足孩子的需求而不去刻意训练其独立能力，孩子的智力发育就相对迟缓，有很大概率会缺乏追求，很难获得大成就。今天中国的父母对于高质量陪伴的重视程度普遍不够高，虽然洗衣、做饭等生活方面照顾得面面俱到，但很少有人重视训练孩子的独立能力和自我负责的意识，而这一点必须加以注意。

我们知道夫妻是以聚合为目的的，从不同的家庭分离出来，组建成一个新的家庭，白头偕老，走向人生的终点。而父母和孩子，则是以分离为目的的，从母体胎儿的酝酿，到孩子能离开父母独当一面，与父母相隔一方。教育的目的，就是要培养孩子的独立性，让孩子在成长的过程中逐步和父母分离。当今社会引起广泛讨论的“妈宝”和“巨婴”，都是家庭教育畸形的产物，希望各位家长千万不要重蹈覆辙。

纵观历史上的朝代更迭，我们往往发现，第一代皇帝打天下，第二代皇帝把祖业守好并发扬光大，到了第三代、第四代往往就开始滑坡。我们生活中也能见到一些这样的例子，一个富足的家庭发展到一定阶段，孩子的拼搏意识就会不断下降。俗话说："第一代创业，第二代守业，第三代就开始败家。"用长远的目光来看，留给孩子金山银山也早晚会被他们花光，教育好孩子才是家族竞争力的核心因素。所以，我们必须学会放手，让孩子独立。

我知道孩子依赖我检查作业不好，但这是老师让我做的啊！

现在的孩子读书，父母也非常辛苦。督促写作业，检查作业，都是父母的日常工作。孩子表现不好，父母甚至同样会被老师批评，所以父母也非常焦虑。很多父母说："你说让我放手，可老师却没让我放手呀！"

为什么老师把责任都推给了家长？因为现在老师的压力非常大，各种升学、比赛、评比的竞争，也让老师喘不过气来。从短期来看，孩子要想进步快，父母帮忙的作用是非常大的。但是一旦孩子对父母形成依赖，后果将不堪设想。

学校不需要思考这个问题，因为学校只需要对孩子负阶段性责任，小学六年，初中三年，高中三年就可以了。至于孩子在社会上的成功与失败，不是学校的责任。在一个公司里，董事长和职业经理人对公司的考虑是不一样的。董事长更关心企业的长期生存与发展，而职业经理人更关注短期效益，因为企业的年终利润和他的收益挂钩，有可能他会为了自己的收入把一个长期顾客变成短期顾客。因为他不是产权所有者，不需要对公司负长期责任。所以，今天面对孩子，家长是董事长，是要对孩子的终身发展负责的人。老师只是职业经理人，负责阶段性管理。所以从这一点上来讲，父母非常重要。优秀的父母并不是只会为孩子花钱，而是更愿意为了孩子改变和提升自己的教育水平。

若父母不觉醒，虽然出发点是想帮助孩子，却会让孩子形成依赖的惯性。如此一来，孩子是没有动力的。有一位家长找到我，很自豪地说，若是现在再参加高考，她一定比当年考得好。这说明，孩子读书的几年，她自己因为陪着孩子学习，又把书读了一遍。但是旁边的孩子一副满不在乎的表情，说明孩子并没有真正意识到学习是自己的事情。我们把这种现象统称为“皇帝不急太监急”。这是越来越多的父母的心声。

父母帮孩子检查作业存在两点问题。第一，小学知识父母还凑合，初中知识父母可能就跟不上了，但是那时候孩子已经对父母帮忙检查作业形成了依赖，然而父母又帮不上忙了怎么办？第二，考试的时候，父母又不能陪在孩子身边，孩子平时总依赖父母检查，自己检查时就会变得非常粗心，最后导致成绩很差。所以，孩子的作业，父母只负责签字，而检查作业的习惯和细心的品质，必须由父母培养，孩子自己养成。

关于这个想法，父母可以跟老师认真交流一下，尽量得到老师的理解和支持。若前期孩子检查作业很马虎，父母需要下功夫的地方是让孩子在思想上重视这件事情，在行为上一定要让孩子自己去完成。所以父母要学会放手，但是不能“放眼”。培养孩子良好的学习态度和学习习惯才是父母最重要的工作。

我放手之后，孩子的成绩下滑怎么办？

很多父母反对说："我一旦放手，孩子的成绩就下滑；我一抓，孩子的成绩就上来了。你说怎么办？"

同样是考了100分，父母监督孩子取得的成绩，和孩子靠自己努力得来的成绩，实际上是有天壤之别的。靠自己努力的孩子，后劲儿很足，小学优秀只是优秀的开始，到以后孩子的潜力会更大。但是靠父母监督的孩子，父母一旦放手，孩子可能就会变成60分。这说明那个100分是父母的100分，而孩子实际只有60分，60分才是孩子的真实水平。父母必须认识到这个真相，我们不能制造"虚假繁荣"，活在一个不真实的世界里。那不仅蒙蔽了自己、蒙蔽了孩子，甚至对孩子有长远的不良影响。

有一个孩子参加"希望杯"英语口语大赛，自己写的英语稿子比较差。她的妈妈是英语方面的专业人士，对孩子写的稿子看不过去，就对孩子说："这次妈妈替你写稿子，以后你自己写。"孩子刚开始还不同意，坚持自己完成，但是在妈妈的百般劝说之下，孩子最后同意了。孩子用妈妈写的比较专业的稿子上台演讲，过五关，斩六将，最后站在了领奖台上。孩子在接受鲜花和掌声的时候，尽管表面上享受着荣誉，但她的内心其实对自己的英语能力是没有信心的。她心里可能在想，下次比赛的时候一定要再找妈妈。这种现象说明，虽然很多孩子获得了越来越多的荣誉，但是在这些荣誉的背后，其实都是父母的功劳，而孩子自己的自信心在大幅度下降。所以，我们不得不反思，我们到底是在培养孩子，还是在满足自己的虚荣心？如果是培养孩子，父母就应该让孩子经历挫败，再自己站起来，这样获得的自信是真实的、强大的；如果是父母在满足自己的虚荣心，不允许孩子失败，最后孩子也不敢失败，到了社会上，孩子最终会被证明，离开了父母，他只是一个弱者。

如果父母一放手，孩子的成绩就下滑，这时候一般会出现两种局面。一种是父母立刻把孩子扶起来，又回到以前的状态，孩子继续在父母的监督和帮助下学习。但是父母自己会越帮忙越害怕，边帮边抱怨："都这么大了，还要我帮忙，以后大了怎么办呀？"孩子也很无辜，心里想：

“妈妈骂我不独立，但是妈妈没让我独立过。”另一种局面就需要智慧了，当孩子瘫倒在地上的时候，父母不是立刻把他扶起来，而是想办法让他自己站起来。

那如何才能让孩子自己从以前被扶着的状态到可以自己站起来？我从以下三个方面提出建议：

（1）让孩子和自己比，看到自己的进步

这样他才能看到60分到61分的进步，而不是盲目地和别人的100分比，从而失去自信。如果两个孩子比赛爬楼梯，不能只用爬到楼层的绝对高度来评判孩子是否优秀，因为起点不一样。有的孩子从地面的一楼爬到了三楼，而有的孩子从地下三楼爬到了一楼，尽管这个到达一楼的孩子没有到达三楼，但是，他从地下三楼爬到一楼，总共进步了三层楼，那个所谓优秀的孩子——到达三楼的孩子，他只进步了两层楼。所以和自己比的人才能有自信心，有幸福感，有喜悦感，孩子才有信心和力量站起来。

（2）不断地挖掘孩子的进步点

如果你想让孩子在哪方面有进步，就在哪个方面挖掘孩子的进步点。如果觉得孩子学习不够专注，你不要一味地批评他不够专注，而是要想办法透过生活的细微之处，来证明孩子在专注方面不断进步了，并及时给予表扬，这样你的孩子就真的会越来越专注了。因为你批评他的缺点，缺点就会重复；你挖掘他的进步点，进步点也会重复。

我们机构有个学员，是一位母亲，她孩子的字写得非常难看。老师已经看不下去了，便让妈妈把作业拿回去自己搞定。这个妈妈拿到孩子的写字本时，看到其字迹潦草不堪，错字连篇，没有哪个字是写在方格里的，看得让人有点儿绝望。但是因为这位母亲是我们的学员，她学习过如何来挖掘孩子的进步点，所以她就跟老师说："老师，我来帮他改正吧。"她换了一种方式，不是去找孩子的错误打叉，而是想办法去找孩子的进步点打钩。不过，在前期确实也没有地方可以打钩。她经过细心观察后发现，尽管孩子的字写得很差，但是也有偏旁部首写在了方格里，所以她就把写在格子里的偏旁部首打了钩。孩子回来一看到本子上有钩，特别开心，因为他从来没有得到过这样的肯定，积极性便高涨起来。孩子真的进步越来越大，很快就有很多字不光写在了方格里，而且字也写得越来越工整。大概隔了一个月的时间，这个孩子在班级写字方面竟然被排在了前三名，还出了板报。这个孩子在学习上建立的自信，要感谢他母亲这种充满智慧的教育方式。

（3）让孩子把注意力放在积极乐观的事情上

有一个孩子打开窗户，看到窗外满地的垃圾，说："妈妈，外面怎么那么脏啊？"妈妈立刻推开旁边的一扇窗户说："孩子，你开错窗户了。"窗外全是绿草，孩子的心情立刻好了起来。孩子的人生态度是积极乐观，还是消极悲观，实际上就是他打开了不同的窗户才看到了不同的风景。而父母就是那个为他打开窗户的人。

有一天，一个孩子跟妈妈说："妈妈，我觉得自己特别笨，我很羡慕我们班里那些优秀的孩子。"妈妈看到他一脸沮丧的样子，就给他讲了一个故事。一天，一只猫躺在地上，觉得自己很渺小，很自卑。当它看到天上的太阳时，就对太阳说："太阳，你好优秀啊！"太阳说："我哪里优秀了呀？你看，当云彩来的时候，我就被云彩挡住了。"小猫又对云彩说："云彩啊，你好优秀呀！"云彩说："我也不优秀呀，当风来的时候，我就被吹走了。"小猫又对风说："风啊，我好羡慕你呀！"风说："你看，当我碰到墙的时候，我就吹不过去了，所以墙比我更优秀。"于是，小猫又对墙说："墙啊，你好优秀呀！"墙说："没有呀，我每次都会被老鼠给打穿。"猫又对老鼠说："老鼠啊，你好优秀呀，我很羡慕你！"老鼠看见这只猫，吓得瑟瑟发抖，怯生生地说："猫大哥，你在开什么玩笑呀？"孩子听完这个故事，就会明白，其实这个世界上每个人都有优秀的地方，我们之所以自卑，就是因为我们用自己的缺点和别人的优点比。

有一个孩子，有一天被学校的老师批评了，老师说他不够聪明，因为有一些作业，他做得不是很好。当他垂头丧气来找我的时候，我就和他讲了我考驾照的故事。以前，我特别畏惧学车，但是因为工作，又被迫要学车。后来托朋友介绍，找了一个感觉很温和的教练，可是没想到这个教练一听说有个博士过来学车，就改变了以往温和的风格。

记得学车的第一天，我向教练问过这样一个问题：方向盘打 180 度的时候，车轮大概转了多少度？我当时觉得这是个有水平的问题，这个教练却不但不回答我的问题，还在整车人的面前嘲笑说：“这种问题，只有书读得多的人才会问。”言下之意是只有书呆子才会问出这样的问题。第一天学车，我的内心就遭受了巨大的打击。学车的那两个月，这样的事情层出不穷。让我印象尤其深刻的一次是，在开车过人行道的时候，我没有看两边的后视镜。过了人行道后，教练就把车停下来，将发动机熄火，让我当着全车人的面，头向左、向右各转一百下。我就像个傻子一样，嘴里念着“左边、右边”，头不停地转，全车人都哈哈大笑，让我当时非常没有面子。事情发生后，我却变得更加认真和勤奋。最后，我们全车有四个人考试，只有两个人拿到了驾照，而我就是其中之一。更值得庆幸的是，在后来开车的十几年里，我竟然没有出过一次交通事故，因为我保持着看左右两边后视镜的好习惯。当年，我非常痛恨我的教练那么羞辱我，但是今天我非常感谢他，是他培养了我非常好的开车习惯。所以我跟这个孩子说：“拉长时间来看，那些曾经受过的批评，以好的心态来转化，最终都会变成你人生骄傲的资本。”这个孩子默默地点了点头，眼神也开始流露出笑意。后来遇到困难时，他的情绪变得更加稳定，态度变得更加积极乐观。尽管刚开始老师并不看好他，但是他用自己的不懈努力，取得了优异的成绩，证明了自己的优秀。所以，父母教育孩子非常重要的一点是，让孩子把注意力放在积极乐观的事情上。别人对你的嘲笑打不垮你，只有你对自己的否定才是自己最大的敌人。孩子在低谷中奋斗时，尤其需要如此乐观的心态。

为何孩子越长大越腼腆，学习也越被动了？

不知家长们有没有观察到一个现象：你的孩子，越小的时候越愿意尝试，随着年龄的增长，孩子似乎对什么事情都渐渐没有了兴趣，一副很无所谓的样子。我每年在夏令营会带几千个孩子，也发现了这个现象。小学的孩子都非常积极主动，到了初中就好像换了个人一样，只有极少数孩子还能保持以前积极主动的状态。为什么大部分上初中的孩子变得非常被动和腼腆？经过大量深入的调查和思考，我发现了其中的奥秘，现在分享给父母们，希望能给大家以借鉴。

孩子小的时候，几乎是白纸一张，处于零起点，所以大家对他没有什么期望，哪怕是一点点进步，父母都欣喜若狂。这样的孩子特别容易受到鼓舞，所以就敢于去尝试任何新鲜事物，也能乐观、从容地面对失败。

随着年龄的增长，孩子在某些方面已经展露出一些天分，也开始取得一些成绩。这时候，身边的人对他的期望也会因此而不断拔高。例如，一个孩子的数学考得不错，那么在大家心目中，他就是个会读书的孩子，那么自然，其他科目也应该考得很好才对。这种期望给孩子的心理造成了巨大压力，他很害怕让别人失望。这种压力就让孩子产生了负面情绪，导致他在学习上就不像以前那么敢于尝试了。这种想法不光影响了一个孩子积极的人生状态，甚至很多成年人这一辈子也深受其害。比如一些年轻时就获得了不小成就的人，为什么后来很难取得大的突破？因为他们很害怕自己会失败，会失去所有曾经崇拜的目光。这就是为什么很多人的一生是有“瓶颈”的，他们的“瓶颈”不是来自年龄，而是来自他们对过去成就带来的光环放不下。就如同爬山一样，他们不愿意从一个山顶下山，经历低谷，又重新爬上新的山峰。这样人生就很容易定格，不会有新的高度。如果我们敢于打破这个循环，人生会是完全不同的状态。回想我自己的人生，为什么能一次次爬到新的高峰？因为我经历过从博士这个山顶下来，进入社会的底层，曾被人嘲讽和打击，又重新爬上一座新的山峰，并通过努力在新的领域取得了不错的成绩。因为有过那样一段经历，对我来说，下山已经不是什么难事了，所以我可以从社会精英的位置上主动下来，不理会别人的反对，创办了扶鹰这样的平台，从而创造更大的社会价值。

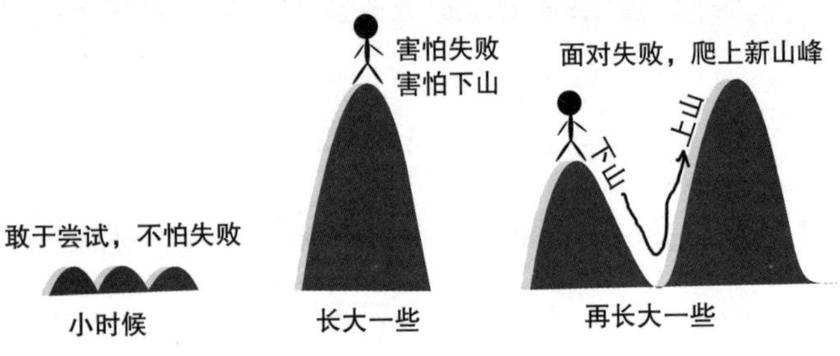

人生面对失败三阶段图

我们的孩子能不能放下，其实还取决于引导他的人。如果父母能想通一件事情，就是孩子做任何事情都有第一次，要对他非常有耐心，平静地对待他的失败，那么孩子就会允许自己从一个山顶下来，敢于爬到另一个山峰。这样的孩子内心是越来越坚强的，也会更容易有大的成就。即使有一天从一座山上跌落下来，他也能有勇气、有能力迅速地爬上别的山峰，不用担心被社会淘汰。然而大部分父母都很难做到这一点，因为盲目要求别人是我们普通人的通病。比如我的妻子，有一天她让我把水龙头修一下，我说我不会，她就惊讶地说："你这个博士怎么连水龙头也不会修呀？！"我哈哈大笑说："我又不是读水龙头专业的，怎么会修水龙头呀？"

人都有自己目前擅长的领域和不擅长的领域，可贵的是能够坦然地面对不足，才有可能把不擅长的领域转化成擅长的领域。如果孩子的英语考得很不错，我们要允许他数学考得很差，这样他才有勇气去面对数学学习的不足，以后考出好成绩；如果孩子的钢琴弹得很好，我们要允许他跳舞跳得很差，他才可能对舞蹈不再心存恐惧，敢于去跳，找到新的自信；如果孩子的篮球打得很好，我们也要允许他足球踢得很烂，这样他才可能在更多领域挑战自己。当我们降低期望的时候，就很容易获得幸福，孩子也会特别自信。如果我们一直拉高期望，就常常会失望，渐渐失去耐心。最后，孩子也不会对自己有信心和耐心。这样的相处模式，不光是针对孩子，对你的另一半以及合作伙伴也同样适用。

为何你教孩子，孩子就是学不会？

很多父母很委屈地说："无论我怎么教孩子，他就是学不会，为什么？"

我认真观察了很多父母教育孩子的模式，发现其中存在着很大的问题。在中国古代，一个师父要教会一个徒弟，必须经过四个步骤：第一，师父做给徒弟看；第二，师父分解每个步骤讲给徒弟听；第三，徒弟做给师父看，请师父给予指点；第四，师父放手让徒弟自己做。第三个步骤可能要重复很多回。对于一个优秀的师父来说，他不光需要有足够的耐心，而且还需要在这个过程中及时给予徒弟很多肯定，让徒弟有信心面对失败。因为相比师父觉得徒弟不行而言，徒弟对自己没信心更可怕。很多父母是没有耐心的，受不了等候孩子磨蹭的场面，他们宁愿自己做，因为自己做反倒更简单、更快捷。我们经常说"强将手下无弱兵”，但是在现实世界里，很多厉害的人身边没有第二个厉害的人，因为厉害的人根本没有耐心等待徒弟失败。这也是很多父母的现状。

真正优秀的父母一定是好的教练。“教练”一词源于体育，是运动员夺冠军、拿金牌的重要引导者、帮助者、支持者。有一个名为添·高威的美国网球教练声称，他可以让一个完全不会打网球的人在 20 分钟内学会打球。此事引起了美国 ABC 电视台的兴趣，他们决定派记者去现场采访。添·高威找来一个很胖的、从未打过网球的女人，让这个女人不必在意用什么姿势击球，只需要把注意力放在网球上，当网球从地面弹起时，先叫一声“打”，然后用球拍击球就行了。果然，在短短 20 分钟之内，胖女人学会了自如地击打网球。添·高威解释说：“我并没有教她打网球的技巧，我只是帮助她打破了自己不会打球的固有意识。”这个过程在电视上播出之后，引起了企业管理者的兴趣，他们把添·高威请到公司给经理们讲课。添·高威最初以为会被带到网球场上去，不料却被带到了会议室。在授课过程中，经理们不停地在笔记本上记录着。下课后，添·高威发现经理们的笔记本上找不到和网球有关的字眼，满篇都是企业管理的内容。原来，高层管理者们已经触类旁通，将运动场上的教练方式同理转化到企业管理上来了。添·高威的思维，不仅可以用在企业管理上，也同样适用于教育孩子上。我们不只是在教孩子技能，更重要的是在培养孩子的自信，因为当孩子自信的时候，才有勇气敢于去尝试。这里我们就找到了孩子学不会的真正原因，就是我们打击了孩子的自信心。

很多妈妈跟我说："王博士，我什么都好，就是没有耐心。"我笑了一下，对她说："你可以什么都不好，但是一定要有耐心。因为你没有耐心，就会导致你的孩子没有自信心。"

为何很多小学优秀的孩子，到了初中成绩下滑很严重？

有很多家长跟我们说："孩子小学的时候成绩非常优秀，为什么到了初中，成绩就直线下滑？"有的中学在选拔优质生源的时候，除了看这个孩子现在的成绩之外，还要考查孩子有没有上进的潜力，这样才能确保一个小学毕业的孩子升入初中后，他依然是好苗子。所以，那些一味追求分数的家长，你们的孩子实际上是后劲儿不足的，事实也证明只看分数是非常短视的。为了帮助家长们提升，我总结了“滑坡理论”和“打地基理论”分享给大家：

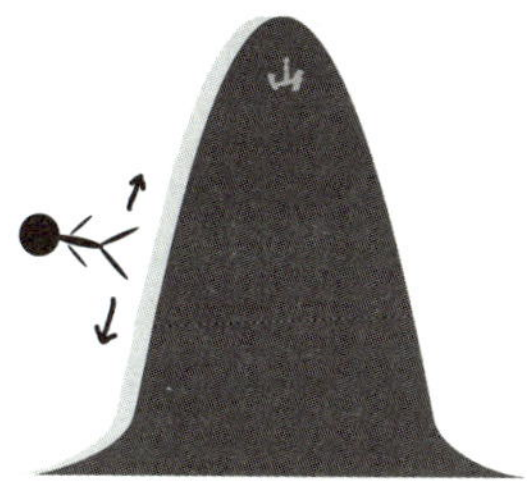

滑坡理论图

什么是“滑坡理论”？

比如现在这个孩子正在爬山，当他爬得越来越高时，决定他接下来是会从山上滑下来，还是会一鼓作气爬到山顶的最重要的因素，不是他现在爬的高度，而是他现在的注意力。当他把注意力放在山顶的时候，就会越战越勇；当他把注意力放在山下悬崖的时候，他就会越爬越恐慌，这样人就会犹豫不决、裹足不前，很容易摔下来。所以，决定这个孩子未来的，是他内心的想法，而不是表面的优秀。很多在小学阶段成绩很好的孩子的父母，因为不懂得关注孩子的内心情况，陶醉在孩子成绩优秀的光环中，失去了培养他内心力量的最佳机会。当惊觉孩子开始滑坡时，往往为时已晚。据统计，小学时成绩优秀的孩子上初中后有近40%出现滑坡现象。普通的农夫只要看到叶子是绿的，就觉得树很健康，其实这种认识是非常低水平的。优秀的农夫看到树叶的颜色，就能想到根部的营养问题，而不只是停留在叶子本身。因为这棵树能结多少果实，本质上还是由根部决定的。父母教育孩子也是这个道理，人生就如爬山，重要的是关注孩子的内心，而不是所爬的高度。这就是我自己总结的“滑坡理论”。

什么是“打地基理论”？

建100层的楼房，就需要打能承受100层楼的地基。如果一栋楼房只打了能承受40层楼的地基，在盖到40层以前，楼房是非常稳固的，但是一旦超过40层，就非常危险，甚至会出现各种安全事故。父母教育孩子也是如此，在孩子的小学阶段，打能承受40层楼的地基和能承受100层楼的地基，这两种孩子都显得很优秀，因为对孩子的要求只是“40层楼房”。一旦到了初中，或者到了高中，就会出现巨大的分水岭。因为在面对更大压力的时候，就能看出这个孩子的地基是否够牢固。中国的孩子教育最艰难的两个阶段，一个是初二，一个是高二。初二，拼的是孩子有没有从小建立正确的价值观：他是为了父母读书，还是为了自己读书；是为了满足自己的成就感，还是为了满足别人的虚荣心。这些在初二就会特别明显地体现出来。同样，初二也面临着独立意识萌发、外部同伴的诱惑、成熟和不成熟之间的转变，这些都在体现孩子的地基打得是否牢固。如果孩子知道什么是对的、什么是错的，就不会有很多隐患。高二阶段，是对孩子更有挑战性的阶段，因为他面临着更大的竞争压力，这就需要孩子有强大的抗挫折能力。如果父母没有让孩子从小就学会跌倒了自己爬起来，没有让他在学习上承受压力而是过度保护，孩子的独立性和抗挫力还没有培养起来的话，那么在这个阶段，很多孩子就会被淘汰。所以，在教育上打地基非常重要，最重要的阶段是 0 ～ 6 岁和小学阶段。

0 ～ 6 岁是各种敏感期爆发的阶段，比如语言的敏感期，我们经常讲的“乡音未改”，就是由 0 ～ 6 岁生活的地方所决定的。在这个阶段，孩子的学习能力是非常强的。比如，中国最难懂的方言是温州话，如果把一个小孩子放在温州，他很快就会学会讲温州话，但是把一个成年人放在温州待十年，他可能都学不会。在这个阶段：如果你教他一国语言，他就会讲一国语言；如果你教他六国语言，他也同样能学会六国语言。可惜的是，很多父母都错过了在这个阶段对孩子的培养。

在中国，教育投资最大、孩子投入时间最长，也被证明是最失败的一门学科，就是英语。我们小学、中学、大学一直都在学英语，但是99.9%的人都说对英语没什么自信心，英语在很多人的工作中也基本没有用武之地。因为孩子从小没有相应的语言环境，学的知识更多是用来考试的。我身边有个家长，她从生下孩子后就注重营造英语学习环境，孩子6岁的时候，就可以听BBC的原声广播。

0～6岁，孩子还有其他重要的能力需要培养，那就是阅读兴趣和阅读能力的培养。从小学一年级到三年级，孩子在学校里总共学习只有不到一千个英语单词，还不具备阅读能力。这个阶段，孩子的读书压力在慢慢增大，有些孩子的作业都要做到很晚。到了小学六年级，孩子基本上具备了阅读能力，但已经被各科目考试压得喘不过气来。到了初中、高中，更加如此。结果，到了大学，孩子对读书也厌倦了，有些人就疯狂地沉溺于网络游戏。总结我们的教育现状就是，我们的孩子都在上学，但是都没读过什么书。这种弊端是明显的，于是很多人把责任推给国家，但我们无法改变教育体制，若不做出相应的改变，影响的是自己孩子的未来。

如果我们在孩子 6 岁以前开始培养他的阅读能力，孩子不一定会写字，但会识很多字，那么他在没有任何压力的情况下，就有大量时间去阅读。到了小学，孩子因为爱读书，学习就比较轻松，又有六年的时间可以广泛地阅读，这样就打下了非常好的基础。这样的孩子到了初中和高中后，后劲儿就非常足。我们已经用这样的模式培养出一批又一批的学霸了。然而大部分父母都错过了这个阶段，因为他们竟然错误地认为孩子在 3 岁识字，属于超纲教学，让孩子提前承受压力，是对孩子天性的一种扼杀。而实际上，大部分的教育压力都来自考试。一旦考试，孩子对读书的兴趣就会下降。只要没有考试，孩子对阅读是非常有兴趣的。所以我们鼓励父母从孩子出生开始，就给孩子营造阅读的环境，同时科学地培养孩子的阅读能力。如果孩子在这个阶段没有找到阅读的乐趣，他就会把很多时间荒废在游戏和娱乐上。过多的电子产品剥夺了孩子的注意力和思考能力，让孩子过早地失去了童年的纯真，失去了对这个世界的好奇和探索能力，孩子的学习能力也在大幅度下降，这样的孩子后期明显会后劲儿不足。很多为了初中或高中的孩子读书而焦虑和痛苦的家长，他们的无助引发了我对教育的通盘思考，加上我本科读的专业是土木工程，所以我把它比喻成“打地基理论”。家长们也可以通过反问自己以下问题，来关注一下孩子的地基是否够扎实。

（1）你的孩子是主动学习还是被动学习？

（2）你的孩子在学习上有自信心吗？

（3）你的孩子自律吗？

（4）你的孩子有好的学习习惯吗？

如果感觉还有很大欠缺，这也正是家长学习的目的和本章存在的价值。请记住，要给孩子打地基，做到未雨绸缪，才是真正有智慧的父母。

2

决定你的孩子未来成就的关键——延迟满足

40 年前，中国人的经济条件普遍都不太好。现在的中国，有些人早已摆脱了贫穷的困扰，过上了财富自由的生活，然而还有很多人生活在贫困线及以下，等着这个月的工资来安排下个月的生活。为什么人与人之间会产生如此大的差异？犹太人的优秀是全世界公认的，尤其是在经济领域，他们掌控着全世界将近 60% 的财富。而他们获得财富最核心的奥秘就是四个字：延迟满足。假如有两个人，他们的工资都是每个月5000元，他们三年后的人生差别，会体现在他们刚开始拿到这笔钱时的态度上。普通人拿到这笔钱，立刻想着去消费，因为他已经穷很久了，所以这笔钱很快会被花完，他又开始努力为下个月的工资打拼。但是，优秀的人愿意把除生活费之外的大部分钱存起来，并且想办法让它变成100倍的回报，当他拥有50万元财富的时候，再去消费这5000元，那时他已经变成了富人。所以穷人和富人之间的差别，就在于能否延迟满足自己的欲望。

要想做一番大的事业，就要学会延迟满足。员工和老板最大的区别，是员工很看重眼前的利益，害怕承担风险，而老板不同，他们愿意把自己的钱在还没有赚到钱的时候就分给员工，让别人先享受，而自己则等到三年后事业成功的时候再去享受生活。前段时间，有个年轻人说他要创业，向我请教经验，我问他："你准备好三年不赚钱了吗?你准备好把你的钱舍弃给别人了吗？"他说没有准备好。我说："如果你能够延迟自己的满足到三年后，你的事业可能就会小有起色。"实际上，大部分创业者根本没有准备好，所以他们的事业往往半途而废。

其实一个人一生能否干一番大的事业，你如果能观察他小时候的性格，大概就可以知道，所以父母对孩子从小的教育很重要。孩子吃饭的时候，很多父母会把孩子喜欢吃的菜夹到孩子的碗里。我每每看到这个场景，就觉得非常可惜，心里想，这个孩子的未来被吃没了。因为父母的行为让孩子只想着快速被满足，而不是节制欲望。当年刘邦和项羽争天下，开始的时候刘邦势力比较弱。天下各个诸侯曾经达成约定，谁先攻下咸阳，谁就成为帝王。项羽路途遇到强敌，刘邦最先打到咸阳。当刘邦到了皇宫陶醉于享乐的时候，他身边的谋士跟他说："此刻我们势单力薄，要学会舍弃眼前，才能赢得未来。"所以刘邦交出咸阳，放下玉玺，拱手将咸阳让给了项羽。因为如果此时刘邦不交出咸阳，项羽等人势必不满，一旦交战，势单力薄的刘邦必败。因此，他选择舍弃眼前的既得利益，等待更好的时机，谋取更大的利益。十年之后，项羽被刘邦打败，于乌江自刎，全天下都成了刘邦的。所以选择延迟满足，将来才能获得更大的满足。

现实生活中，人性的欲望其实是希望尽快得到满足的，在互联网时代，这种欲望就被充分地放任了。第一个表现是网络游戏。现在越来越多的孩子不喜欢读书，而喜欢游戏，因为游戏可以让他们快速得到满足。只要每打一次，就可以获得加分、获得装备，可以“加血”以及获得荣誉。而读书却很枯燥，努力了三个月，可能到半年后才有回报，孩子早就没有了耐心。所以，这样的孩子终究会变成游戏的奴隶。

第二个表现是微商。无数的成年人尤其是家庭主妇纷纷加入微商。微商是快速赚钱的模式，目前从业人数已经达到了 3000 万人。尽管微商让很多家庭主妇开始自立自强，甚至也获得了一定的财富，但是也形成了一定的负面效应，而且这个效应可能要十年后才能爆发出来。有人说，“推动摇篮的手就是推动世界的手”，因为千万个母亲养育的正是世界的未来。

但是，微商的模式对家庭教育是有很大损害的，表现在以下三个方面：第一，快速拿钱，急功近利，缺乏长远眼光。一个普通的微商公司寿命一般是三年。他们赚钱的模式是每卖出一个产品就可以赚钱，这样的模式可以迅速吸引一批急于赚钱的人。但是观察三年后，会发现这些人没攒下什么钱。钱怎么来就会怎么去，他们花钱也大手大脚，给家庭和孩子留下很多不好的影响。第二，每天抱着手机，生活习惯非常不好。甚至在凌晨的时候，微商们还在不停地刷抖音、发朋友圈，家中缺乏读书的氛围。在这样的环境中长大的孩子后劲儿不足，前面内容也提到过。第三，养成不好的价值观取向，比如“秀”“晒”。秀的更多的是外在，晒的更多的是财富。他们的出发点是只有“炫”，大家才会去攀比，才会让产品源源不断地被消费，但这也给周围的人乃至自己的孩子输出了错误的价值观。殊不知，这个世界上真正的富人都很低调。

我也接触过一类孩子，他们从小生活在传统文化氛围浓厚或者教会里的学校，他们确实能够很好地延迟满足、自我节制。但是据我观察发现，很多孩子后来都走了极端。因为孩子很小就无欲无求，缺乏上进的斗志。

人生在不同的阶段，应该呈现不同的状态。比如年轻的时候，就是上升阶段，到了老年阶段，可能欲望和追求渐渐就会消退。所以，我认为人的延迟满足，不是以损害人的斗志为前提的。这只是我观察到的一些现象，不能代表全部，仅供大家参考。

那么，我们如何培养孩子延迟满足的能力呢？有以下五点建议：

（1）教孩子学会等待

棉花糖实验是斯坦福大学的沃尔特·米歇尔（Walter Mischel）博士于1966年到1970年在幼儿园进行的有关自制力的一系列心理学经典实验。在这些实验中，小孩子可以选择一样奖励（可以是棉花糖，也可以是曲奇饼、巧克力等），或者选择等待一段时间，直到其他实验者返回房间（通常为15分钟），得到相同的两个奖励。在后来的研究中，研究者发现能为偏爱的奖励坚持忍耐更长时间的小孩子通常具有更好的人生表现，如取得更好的SAT成绩、教育成就、身体质量指数以及其他指标。

这个实验告诉我们，让孩子学会等待，比快速满足对他的成长更有帮助。所以对于孩子从小的一些要求，父母可以迟一会儿满足他，不要害怕孩子反应激烈。这实际上是孩子和父母进行心理较量的必经阶段。如果你能扛得住，孩子也能扛得住，并接受等待，最终就能培养成好习惯。

（2）教孩子学会善解人意

要让孩子学会站在别人的角度思考问题，而不是总在满足自己的欲望。有一次，一位客人说好 12 点来我们家吃饭，我们和孩子一起准备好等待客人的到来。结果客人因为有事，到达的时间一再被推迟，最后 1 点 30 分才到达。孩子在等待的过程中非常饿，孩子的外婆说，孩子这么小，就让他先吃吧。我说："不行，客人因为事务缠身迟迟没有办法过来吃饭，他比我们更饿。"我告诉孩子："想象你自己是那个客人，你发现有人没有等你就先吃饭了，是不是会不开心呢？"虽然孩子在开始时也闹了很多情绪，但是我依然坚持给他讲道理，让他换位思考。结果那天吃饭的时候，孩子拿起筷子竟然把第一口菜夹给了客人，此举也获得了客人的赞赏。

很多父母说："你这样做是不是有点儿残酷？"其实我想告诉很多父母，这个时代孩子永远不会饿着，但是让孩子培养出优秀的品质，他将来在社会上就会变成一个受欢迎的人，这才是最好的财富。因为我们终究不能永远陪伴孩子，只有学会善解人意才能受人欢迎，才能赢得更多人的支持和追随，才有可能成就他更大的事业。

（3）把对孩子的奖励积累起来

孩子需要鼓励、需要奖励，这会增强他做事的兴趣和信心，但奖励也是有技巧的。比如，可以把孩子的每一点进步用贴红星的方法积累起来，积累到一定数量，就满足他一个较大的愿望。这样，习惯了在期待中获得满足的孩子，才能学会主动控制自己的情绪和行为，将来才能抵挡得住眼前小利的诱惑，实现更长远而且更有价值的目标。

在我家，孩子每得十颗小红星就会获得一样礼物。我们很早就为孩子准备好了一个机器人的礼物放在家里，但是那段时间小红星总是停留在六七颗，孩子每天都在努力得红星，但是因为也经常犯错误被扣分，所以总是得不到那个机器人礼物。有一天，孩子的奶奶跟我说："你就给他嘛！把孩子都给急坏了。"我说："妈，坚决不行，必须等孩子自己努力完成才能给他。"

大概隔了一个多月的时间，有一次，我在外地讲课，他通过视频很兴奋地告诉我，他已经有十颗小红星了，可以拆机器人的包装了。我很开心地祝贺他，跟他说："恭喜你！”为了进一步增强他延迟满足的能力，随后我又跟他说：“孩子，如果你能等爸爸过两天回来时再拆的话，爸爸还会送你一样礼物。”他一开始只是在电话的那头坚持说：“我要拆礼物！”我再次跟他强调：“爸爸能理解你很想得到礼物的心情，但是如果你能够再坚持两天，爸爸就送你两个礼物。”他很勉强地说：“好吧。”

第三天早上，我回到家，他急切地说：“爸爸，快给我拆礼物。”我如他所愿，送了他两个新的礼物。拆开机器人礼物的时候，他开心极了。那一刻，我清楚这种兴奋是源自他战胜了自己，而不是靠别人获得的。

就如爬山一样，通过坐缆车，直接从山底到山顶，然后站在山顶上，我们会说：“黄山也不过如此。”但是如果我们是靠自己一步一个脚印地爬上了山顶，即使花了三个小时的时间，确实很辛苦，但在站到山顶的那一刻，我们会充满豪情壮志，会感慨自然界的伟大。那一刻的感慨，是来自战胜自己的喜悦和成就感。

（4）从易到难

某著名演员的儿子因为两次吸毒而被曝光，该演员作为父亲也经常因此在媒体上公开道歉。儿子为什么控制不住自己？一个孩子变成这样，实际上是家庭的灾难，他会让父母多年来倾注在他身上的心血毁于一旦。李嘉诚讲过一句话，大意是，任何事业的成就，都抵不过孩子教育的失败。孩子的自制力不是一开始就能很强的，所以父母必须从孩子小的时候，从点滴的自控力培养开始，帮助孩子一点点地战胜自己。比如在我们家，从孩子小时候，我们就跟孩子讲，好孩子能做到，有两颗糖，把一颗留到明天。所以，即使我们家孩子经常有很多好吃的，他也能坚持一天只吃一个。他经常因为能够控制自己而很有成就感，我们也总是在这方面给予他肯定，所以他慢慢变得非常有自制力。如果父母在孩子小时候不重视培养其自制力，等孩子大了，发现孩子陷入了网络游戏等诱惑中，改变的过程就会非常漫长和痛苦。

（5）父母要做孩子的榜样

与父母讲的大道理相比，孩子更愿意看父母怎么做，所以身教非常重要。我们家从孩子很小的时候就注重我们的言行对孩子的影响。总体看来，我自认为是非常自律的人，要不然读书的时候也很难成为学霸。随着孩子的慢慢长大，我突然发现我对自己的要求要更高一点儿，比如说我肚子有点儿大，人比较胖，我就下决心改变这种情况。减肥是人们定得最多的目标，也是失败率最高的事情。表面上有各种理由，而本质上就是没有自制力。所以我自己狠下决心，三个月的时间，坚持每天走 1 万步，控制住饮食，总共减肥 20 公斤，整个人也大变样了。我明显感觉到我的孩子对我很有信心，他认为只要爸爸决心做的事，一定能做成功。我认为给孩子树立这样的榜样是非常有意义的，因为孩子也会面临人生的挑战，他能否有信心坚持下去，也取决于他从小的耳濡目染。父母自己是“邋遢”的人生，却希望孩子与众不同，我认为这个难度是非常大的。在中国，我们经常说“龙生龙，凤生凤，老鼠的儿子会打洞”，大概讲的也就是榜样的力量吧。

3

网络时代，
谁能管住自己，谁就是强者

“奶头乐理论”

“奶头乐理论”这一概念来自美国的前总统国家安全事务助理布热津斯基。他认为社会动荡的主要因素之一是阶层之间的利益冲突，那要如何避免少数得益者与大多数“被边缘化”的人之间的冲突呢？方法之一是给“被边缘化”的人“奶头”，转移其注意力和不满情绪，让他们更能

接受自己的境遇。

“奶头”的形式有两种：一种是满足性娱乐，比如拍摄大量的肥皂剧和偶像剧，大量报道明星的花边新闻，播放很多真人秀等大众娱乐节目；另一种是发泄性游戏，比如开放色情行业，鼓励暴力网络游戏，鼓动口水战。这样一来，用令人陶醉的消遣娱乐及充满感官刺激的产品充斥人们的生活，最终达到目的：占用人们大量时间，让其在不知不觉中丧失思考的能力。此时，只需要给那些“被边缘化”的人一口饭吃、一份工作，他们便会沉浸在“快乐”中，无心挑战现有的既得利益者。

“奶头乐理论”在中国是什么呢？在中国更适合翻译成“肥宅乐”。“肥宅”是一群只满足于待在家中，用电子游戏、虚拟社交或者膨化食品、碳酸饮料麻痹自己的人，他们抵触现实社交与工作，宁愿一个人孤独终老——大多集中在20 ~ 30 岁的年轻群体。

我们不可低估游戏的危害!

我为什么要写游戏这个话题？前段时间，我看到这样一则新闻：某日凌晨，江苏南通一名 13 岁的小男孩从 44

楼坠下，而此前，男孩一直在玩“吃鸡游戏”。家长认为游戏公司应该对此负责，因为游戏里的很多画面都有很强的误导性，让孩子认为跳楼之后只会掉点血而并不会死。而且还有很多暴力、血腥的画面，玩久了之后，在房间里看到窗户，就有想跳下去的冲动。目前，我国有许多小学生甚至刚上学的小朋友都在玩这款游戏，其影响非常大。

此外，已经有非常多的家长向我咨询“孩子沉迷于手机游戏不能自拔，学习成绩直线下降怎么办”的问题。鉴于此，我认为非常有必要讲讲这个话题，以解决家长的困惑，同时把孩子从游戏上瘾中解救出来。

我和我的研究团队花了大量的时间和精力，深入腾讯、网易等大型游戏软件开发公司内部，跟他们的游戏开发人员、产品经理进行交流，了解游戏背后的设计逻辑。同时，我们采访了几十名沉迷于游戏的孩子和他们的家长，了解孩子打游戏的心理状态、家长的诉求和反馈。也采访了从游戏中走出来，走向自律的孩子和他们的家长，了解他们是怎么做到的。另外，我们还研究了大量国内外与电子产品上瘾相关的书籍资料，从中找寻解决之道。

2010 年 1 月，在苹果公司举办的一场活动上，乔布斯推出了 iPad。他用 90 分钟时间解释了为什么使用 iPad 是看照片、听音乐、玩游戏、上网、使用 APP 的最佳方式，他认为人人都应该拥有一台 iPad。

但是，乔布斯给他的孩子玩电子产品吗？

有一次，美国记者比尔顿采访乔布斯时问道："你的孩子应该很爱 iPad 吧？"乔布斯却给出了令人震惊的回答："他们没用 iPad，我们限制孩子在家使用电子产品。"记者又问："这是为什么呢？"乔布斯说："我希望他们成为电子产品的掌控者和开发者，而不是过早地陷进去。"《乔布斯传》的作者艾萨克森指出："乔布斯坚持每晚在厨房长桌吃晚餐，和孩子讨论书籍、历史与各种话题。没人会拿出 iPad 或手机。"

不仅是乔布斯，硅谷很多高科技公司的高层工程师也几乎不让自己的孩子接触智能产品。这是为什么呢？因为他们首先看到了科技和电子产品对孩子的危害，他们不希望自己的孩子受到这些危害。

那么，电子产品究竟会对孩子产生哪些危害呢？

危害一：不喜欢和人交流，现实感非常弱。

两天前，一篇文章让我感到震惊，这篇文章说的是商业怎样才能吸引“90后”和“00后”。其中有这样两条：“他们非常没有耐心，需要立刻得到满足”“他们会千方百计地避免和真人交流”。确实，这在生活中很常见。现在的年轻人在网上找东西很快、很给力，但是不太愿意拿起电话和人交流。他们与人交流的方式多是微信或者QQ，与人用语言交流，他们不愿意，也不太会。

你回想一下，自从用上手机，你的孩子和你面对面交流的时间是不是少了很多？长此以往，你们的情感交流会出现问题！要解决问题，很多时候必须是人和人之间直接的语言沟通才是最有效的。失去了这个能力和意愿，会多影响效率啊！这个现象让我非常担忧。如果你的孩子不喜欢跟老师、同学交流，他的学习很难优秀；如果你的孩子不善于表达自己，在未来的世界中，他不会脱颖而出！

另外，网络游戏会使孩子的现实感非常弱。大家一定听说过“蓝鲸”自杀游戏吧？“蓝鲸”是一款俄罗斯死亡游戏，已有130多名青少年因为“蓝鲸”游戏相继自杀，并且这个游戏像瘟疫一样传播到世界上其他国家。“蓝鲸”

游戏的参与者多为 10 ～ 14 岁的青少年，他们会被配置给一名“导师”。进群后，每天都要跟着这名“导师”做任务，包括凌晨 4：20 起床看恐怖片、切割静脉、半夜爬到屋顶、用剃刀在手上雕鲸鱼等。当病态的游戏进行到第 50 天，幕后“导师”就会命令玩家自杀。

一个在很多成年人眼中荒诞、愚蠢的游戏，却让青少年们沉浸其中不能自拔，匆匆走向生命的自我终结，这是为什么呢？因为他们的大脑不会区分想象和现实的区别。当一个想象被灌输了太多次，人们的大脑就会接受这就是真的，那么就容易陷入自己的想象中。可是这个想象的终结是什么？是自杀。自杀被想象包裹了美丽的糖衣，让孩子们感觉是在做一件非常棒的事情，那种感觉会比天天学习、考试要好得多，“我要去那种地方，而不是停留在这个让我不舒服的、我不适合的地方”。我们的孩子就这样一步一步地被引诱进入游戏，被洗脑，最后执行了那个让我们痛心的任务。

危害二：无法集中注意力阅读了！

2000 年，微软加拿大公司的报告称，普通人的注意力仅为 12 秒。到了智能手机、社交网络时代的 2013 年，这个数字下降到 8 秒（相比较而言，金鱼的平均注意力是 9 秒)。也就是说，在 1 分钟内，你至少会走神 7 次。“人类的注意力在萎缩。”一个个新的刺激点，让人只专注于眼前的兴奋，而忽略了深入的思考。

孩子看多了电子屏幕以后，就没有办法专心阅读了。因为手机是跳动的，电视也是跳动的，可是纸质书不是。所以如果孩子看惯了跳动的屏幕，突然换成看静止的纸质书，就会导致他们不能静下心来读书。

危害三：丧失理智，做出冲动行为！

杭州一个 13 岁的男孩，因玩手机游戏被父亲劝阻，一怒之下从自家的阳台一跃而下，摔成脚部骨折。落地的那一刻，他自语道：“我怎么不会飞？”还有一个深圳的 11 岁男孩，偷取父母的银行卡和手机玩游戏，花光家中 3 万元积蓄。宁波的 6 岁女孩童童的右眼严重内斜视，双眼严重近视，医生怀疑这与她长期沉迷手机游戏有关。13 岁的江西女孩离家出走，赴温州见网友……

一个个触目惊心的案例，其实就发生在我们身边，离我们非常近！以上都是电子产品给我们的孩子带来的危害性！

游戏这场仗，无数父母还没打就输了

为什么说“对于电子游戏这场仗，父母还没打就输了”呢？因为屏幕这一头的父母，严重低估了电子产品对孩子的危害。我知道大部分父母对于孩子打游戏的观点是：不是不让你玩，偶尔玩一玩是可以的，只要不上瘾、不影响学习就行。所以，刚开始的时候，父母一般是没有警惕之心的，对于孩子看手机、玩 iPad 不以为意。

比如，你一定干过以下这几件事：(1) 你为了制止孩子哭，就用手机上的游戏、视频哄他；(2) 你在做自己的事情时，为了不让孩子在一旁打扰你，就扔给他手机让他到一边玩儿去；(3) 当孩子想跟你聊天、想方设法吸引你的注意力的时候，你自己在看手机，随便敷衍了他几句，后来不知道什么时候，突然有一天，你发现孩子对电子游戏上瘾了，整天跟你要手机的时候，你又用吼叫、打骂的方式制止他。

屏幕的另一边是什么呢？是成千上万个游戏的开发者在研究如何让你的孩子上瘾！你的孩子其实是被塞了一只

又一只的“奶头”，并且越来越沉迷于其中而无法自拔！游戏开发者用消遣娱乐及充满感官刺激的产品，充斥你孩子的生活，最终达到营利的目的。而这些游戏让你的孩子沉溺于享乐和安逸中，不知不觉丧失了思考能力，再也无心学习！

其实，游戏那么容易让人上瘾，问题不只是出在人缺乏意志力上，更多的原因是游戏的开发人员每天都在绞尽脑汁，为的就是增加产品与用户的黏性，设计让人上瘾的“圈套”，从而导致孩子的自律被破坏！一个孩子的自制力能敌得过成千上万个高智商的人费尽心思的设计吗？

所以这场仗，你还没打就已经输了！

你想一想，有成千上万个人在想方设法地破坏你孩子的自律，这是不是一件很可怕的事？为什么自律这么重要？自律的孩子跟不自律的孩子有什么不同？每个孩子拥有的精力都是有限的，如果一个孩子能集中精力做一件事，那他极有可能做到 90 分，但是如果精力被分散到五件事上，那么每件事最多只能做到 20 分。你是希望孩子做到 90 分，还是 20 分？这就是自律的孩子和不自律的孩子的最大差别。

让孩子欲罢不能的游戏体验是如何设计出来的？为什

么电子游戏这么吸引人呢？

对于一款游戏，产品经理和技术开发人员对数百万的用户进行了上千次的检测，了解哪些手法管用、哪些不管用。比如，什么样的背景颜色、字体、音调能最大化地吸引人们参与，怎样将挫败感限制在最低限度，怎样哄着人们在手机游戏上花更多的时间、更多的钱。现在，游戏开发人员对如何设计出让人上瘾的游戏已经具备一系列的套路了，专门针对人性的弱点。孩子的行为已经在不知不觉中被设计了。

下面，我就以网上最火的几个游戏为例，给你揭秘游戏背后的设计逻辑。

（1）虚幻而诱人的目标

某款手机游戏的用户数量超过 2 亿，不管男女老少都在玩。这款游戏为什么有这么强的吸引力呢？因为游戏给玩家打造了很多虚幻而诱人的目标。比如，努力打小兵、打野怪就能赚金币，赚了金币就能买装备，买了装备就能提升攻击和防御能力，整个团队推掉对方的水晶就能获得胜利、得到积分，不断累积积分就可以升级。游戏设置了几个不同的段位：青铜、白银、黄金、铂金……让玩家不断地打排位赛，赢星星升段位。升到“最强王者”这个段位后，系统会授予你印记，非常酷炫，还能受到其他无数玩家的认可、羡慕和追捧。在虚拟游戏里，这种被鲜花、掌声、荣誉包围的感觉是非常美妙的，也是大部分人在现实生活中可望而不可即的，而游戏却轻易地就满足了人性的这个弱点。

(2) 让人欲罢不能的反馈系统

为什么孩子明明跟你说好玩半个小时，可是一旦上手就止不住？很快一个小时、两个小时就过去了，孩子却根本停不下来，还常常玩通宵都不觉得累，甚至半夜翻墙出去……因为游戏有一套非常快的反馈系统：运用现在电脑的光影技术，你发个大招，立马就有特效；你使用个技能，立马就能看到人物的动作；你杀一个小兵，立马能获得经验值；你通关了，立马会获得奖励……这种快速的反馈系统能让人感受到极大的乐趣，人在快乐的时候就感觉时间过得特别快，也就失去了对时间流逝的正确感知。

相比之下，读书就没有那么迅速的反馈了。孩子吭哧吭哧努力学习了三个月，甚至半年，期末考试成绩一下来，成绩不升反降也是常事。因为没有迅速的正面反馈，所以孩子在学习上很难感受到乐趣，就容易不耐烦。

（3）轻松入门，让孩子找到成就感

iPad 最厉害的地方是什么？是两三岁的孩子拿到手不用教就会玩。而游戏最成功的地方是，哪怕你从来没玩过，也可以从第一分钟开始就投入这款游戏里。动手玩之前，你不用读那些复杂的操作手册，也不用看枯燥的教学视频，轻轻松松就能入门。一个游戏最初的几秒钟需要设计得极为出色，其目的在于同时完成两件极为困难的事情：一是教学，二是保留用户“什么都没学”的错觉。

比如，另一款非常火爆的游戏，通过种植植物来攻击不断来犯的僵尸，守卫农夫的家园。刚开始玩的时候，僵尸都很弱，你的植物轻轻松松就能打败僵尸，让你瞬间获得成就感。

（4）逐渐升级带来的自信和快感

挑战升级是一个关键的“鱼饵”，能在你掌握基本动作后长时间地维持游戏的趣味性。如果游戏很难，而你的技能又差，你会感到焦虑；如果你的技能娴熟，但游戏太没有挑战性，你会觉得无聊。所以，游戏的开始设置得很容易，但随着你的进步，它会越来越难。

游戏市场上有很多游戏，不只是孩子，连很多家长都在玩。是不是随着你通过的关卡越来越多，游戏也越来越难？尤其是打到 50 关之后。但是，越难越能激起你挑战的欲望，当你把难度很高的一关都给突破了的时候，就会由衷地觉得自己真的很厉害，特别佩服自己！是不是这样？这种游戏带来的自信和快感是不言而喻的，在现实生活中，我们则很难经常体会到这样的成就感。

（5）未完成的紧张感，让人失魂落魄

当任务还没有完成的时候，人的心里会一直保持紧张的状态，不得安宁。最好是一次性解决掉这个任务，否则脑海里会一直装着这件事情。有人做过一个实验，发现服务员能够非常清晰地记住每张桌的点单，但是等这些食物一送达顾客的餐桌，服务员就立马忘了哪桌点的是什么。

游戏也是这个道理，它之所以能长时间占据玩家的大脑，就是这种任务未完成带来的紧张感。想着我今天要打死几个怪，我今天要升级到哪个段位，还有什么装备没有拿到……从而让游戏吸引了人的注意力，侵蚀着人的现实生活。

（6）令人痴迷的社会互动

那些容易令人沉迷的手机游戏最成功的一点就是，它把社交属性发挥到了极致。人们除了在游戏里推塔杀怪，还可以顺便实现联络感情、“撩妹”等功能。你可以在游戏里拜师收徒，也可以在游戏里和别人建立情侣、闺密、死党等关系。在每局游戏里也可以即时聊天，玩家可以互相表扬彼此任务做得好，或是在被强大的敌人打败后互相安慰。一连串的远程互动，玩家会变成朋友，在游戏内外互相支持。

你只需要用手一点，便可以卸载掉手机上的游戏软件，却无法轻易将社交关系清除掉。当你好不容易下定决心把游戏软件卸载了，下班一回到家，却发现你的另一半正玩得起劲儿，还拿着战果向你炫耀，而你的朋友也发起了语音聊天，用“五排缺一”来诱惑你时，你说不玩是不是不合群？是不是不善解人意？于是你只好回答说：“等我几分钟，我重新装一下。”

网络游戏就是这样让人欲罢不能、难以抽身的。细细一想，是不是令人感到心惊？连成年人都很难抵御的诱惑，身心还未成熟的孩子就更难在游戏面前把持住了。

送给孩子一生最好的礼物，就是教会孩子自律

有一次，我在一个学校讲课，有一位家长提出了一个很严肃的问题。他说："王老师，现在网上这么混乱，我的孩子打开电脑，每天都会面对色情图片、各种负面新闻和容易让人上瘾的游戏，我觉得这对我的孩子很危险，你觉得我该怎么办？"我没有正面回答他的问题，而是反问他："无论这个成长环境有多恶劣，未来依然会出现很多优秀的孩子，他们有目标、有上进心、能自律，能实现他们人生的梦想。同样，依然也会有很多不上进的孩子，他们没有目标，无所事事，荒废人生，终究一事无成。你觉得这两种孩子最大的区别在哪儿？"看着他沉默不语，我说："在家庭。因为家庭是孩子的根部教育，树如果不往下面扎根，将来就很难抗击狂风暴雨。家庭是孩子建立是非观最好的地方，这也是中国古代很多富有的人都是以家族的形式出现的重要原因。"这位家长听完我的回答后，我明显感觉到他内心平静了。当我们都向外找原因的时候，我们内心就会充满抱怨，反而没有意识到真正的用力点应该是在自身。

各位家长必须承担起教育孩子的重要责任。今天，我们只把孩子交给学校，甚至只寄希望于社会，只会留下更多的抱怨，变得非常被动。

我们终究不能永远陪伴孩子，如果我们在孩子身边，天天约束孩子，却不懂得让孩子管理好自己，那么我们的教育是非常失败的。现在的孩子对父母的依赖性非常强，而很多父母竟然还陶醉在能够管理好孩子的状态中，而忽略了潜在的危险。

教孩子从小学会自律，就是告诉孩子什么能做，什么不能做。但凡是从小被放纵的孩子，长大是没有原则的。这样的孩子就如一棵树，四处乱长，把有限的根部营养都消耗在枝叶上，而没有用到关键的枝干上，于是营养四处发散而无法使树变得高大粗壮。所以教育孩子必须修枝剪叶，也就是说要建立规则，并且越早越好。

很多父母说："我也给孩子定规矩呀，可是孩子就是不遵守，怎么办？"父母定规矩，孩子不遵守，大概有三个方面的原因：

第一，规则不是孩子和父母共同制定的，而是由父母单方面决定的，孩子一开始就不接受。

第二，制定规则的人，带头破坏规则。单位的制度，老板带头破坏，员工自然就不当一回事了。家庭也是这样，父母自己破坏规则，并且还找出很多看似合理的借口，虽然当时孩子也许会认同，但以后孩子也有样学样找很多借口来破坏规则。

第三，破坏了规则不惩罚，感情用事。前段时间，我们有七个人建了一个微信群，要求群成员每天走 1 万步，完成不了就罚款 200 元，这个行为已经坚持了 90 多天。有一天，有个朋友说她的手机计步器坏了，无论怎么走都只显示 3000 步。大家就在微信群里讨论，到底是罚款，还是不罚款？最后，我站出来说："直接罚款吧，这样比较简单。如果这次不罚，以后只要是不完成，大家都会再讨论要不要罚的问题。而且这次被罚了以后，她也会防患于未然。"这件事情发生之后，再也没有人提任何借口了。我们微信群的所有成员，已经把每天走 1 万步当成了我们的习惯，并且每个人都从中受益良多。

一个公司制定了规则，如果有人开了违规不惩罚的先例，以后只要有人违规，他们就会想办法去跟核心人员搞关系，以逃脱惩罚。这样下去，公司的成本就会非常高，因为每个人的重要精力都不放在实现公司的目标上，而是放在人际关系上，很多公司的倒闭也大都从此开始。我们反思我们的家庭，有的家庭是非常有战斗力的，每个成员对自己都有要求，都能为家庭的和谐发展做出贡献。而有的家庭天天在内耗，把大量的精力消耗在情绪上，根本原因就是这个家庭没有执行原则，用感情管理，而不是用制度管理。你碰到的一个个蛮横无理的孩子，他们的父母看起来好像非常可怜和委屈，但是这些孩子专横跋扈的背后，一定是父母从孩子小时候开始的无数次妥协和放纵。等孩子出现问题时，父母又把责任推给孩子。其实孩子也很可怜，从小没有得到正确的管理和约束，一生都深受其害。所以，我们必须从孩子小时候就肩负起教育的责任。爱要爱得有原则，既要有温和的一面，又要非常坚定，及时进行惩罚，尤其是对触犯原则的问题。

很多父母问，那孩子真的犯错误了，触犯了规则，该怎么处罚？中国的大部分父母，都常用非常简单粗暴的一招，就是打。这一招短期有效，长期无效，而且会酝酿很大的仇恨。就像是一个长期被压迫的长工，等他有实力可以反抗地主的时候，一定会想方设法来推翻地主。压迫背后就会有反抗，所以惩罚孩子并不是要打孩子，因为惩罚只是手段，不是目的。惩罚的目的，是让孩子自我约束。

就如同法律最大的作用，是让人产生恐惧和敬畏。我们因为担心触犯法律会进监狱，所以我们按照法律严格地要求自己。但是有的年轻人一旦犯过法，进过监狱，第二次进监狱的概率就非常高，因为他心里已经没有那么恐惧了。建立规则的目的，是让孩子心有敬畏。一旦经常惩罚，规则就不起作用了。第一次被打过的孩子，第二次就很容易会想："你打吧，反正也打不死我。"当他的内心没有了恐惧，父母就会施加更严重的暴力，也会带来更大的仇恨，打到父母自己都失控。很多家庭关系就是这么逐渐进入恶性循环的。

惩罚孩子注意以下三个步骤，就不会带来这些问题：

第一步，必须有既定规则，而且在惩罚之前要重申规则。比如孩子在饭桌上吵闹，要提醒孩子如果再发生这样的情况，他就要被罚站10分钟。被提醒之后，大部分孩子就不再持续下去了，因为这强化了他的恐惧。

第二步，执行规则。比如他不听劝阻继续捣乱，就把他拉到别的房间，罚站10分钟。这个方法主要是针对比较小的孩子。为什么我说是罚站，而不是责打呢？因为惩罚的本质意义，就是让人失去。当他被限制自由的时候，实际上他已经感觉到被惩罚了，根本不需要用打的方式。比如孩子玩完玩具不收拾，我就跟他讲，如果再不收拾玩具的话，我就要把玩具收起来，一个月都不能再玩了。当我们真的把孩子的玩具收起一个月的时候，孩子因为不能玩玩具而难受，所以下次他就知道这个问题很严重，不再敢触犯了。但是，很多父母在这一点上总是妥协，导致孩子持续破坏规则直至完全失控。我们试想一个场景，我们开车闯红灯，被扣6分，罚200元，这个规则我们是知道的。我们到了交警部门之后，直接被罚款、扣分，没有人给我们再做大量思想工作，告诉我们不要再犯错误了，下次小心点。因为被罚款一次、扣分一次，我们就吸取了教训，下次再遇到红绿灯，就会变得非常小心了。如果你从孩子一开始触犯规则的时候就严格执行，孩子认为你是认真的，下次他就不敢随便触犯了。如果很多父母心软妥协，再加上爷爷奶奶说情，下次他就认为事情都是可以变通的，以后还是不会遵守这些规则。父母要切记，在执行规则的时候，不要用愤怒的情绪来执行，要温和而坚定地去执行相应的规则。你要告诉孩子："我惩罚你，不是因为我心情不好，也不是你让我生气了，而是因为你做错了。"

第三步，转移注意力，让孩子明白下次怎么做，同时表达对孩子的信任。被惩罚完的孩子一定有情绪，其实他是明白其中的道理的，但他就是心里不舒服。父母需要把孩子的注意力从低落的情绪中拉出来，可以跟孩子说："孩子，妈妈知道你刚才被惩罚了，可能很生气，但是妈妈也知道你是个愿意遵守规则的人，咱们讨论一下下次该如何避免这种情况吧？"当你们讨论完之后，你就跟孩子说"妈妈对你很有信心"，并且跟他击掌。这样孩子就会从情绪低谷中走出来，并且再次巩固规则意识，明白了正确的做法，以后的表现就会进步。

做到这三个步骤，就可以帮助孩子建立规则了。

第四章

有责任心的孩子，在哪里都是优秀者

1

孩子的责任心源于哪儿？

在前面的章节里，我提到过一个案例，一位妈妈希望自己29岁的孩子来参加我们的活动，因为这个孩子爱打游戏，没有责任心，妈妈非常苦恼。一个29岁，本来该承担家庭责任和社会责任的青年，却没有责任心，是他所在的家庭的灾难，也是他未来将要组建的家庭的巨大苦恼。

我们反思一下，对人这一生来说，是学历重要，还是责任心重要？学历最重要的时间是在刚毕业的三年之内，因为本科毕业和硕士毕业的工资差别还是非常大的，本科起步工资可能是3500元，硕士则可能是5000元起步。但是，工作三年之后，如果你换工作，别人除了关注你的学历之外，更关注的是你过去三年的实战经验。比如你是清华大学毕业的，毕业后的三年你没有做出任何成绩，别人问你的时候，你只能说自己是清华毕业生，而别人就会觉得是个笑话。

等到了40岁左右的年龄，学历证书还有用的人比例已经不到10%了。但是，一个家庭的成员如果很有责任心，那么这个家庭的未来是非常有希望的。有很多妈妈经常跟我抱怨丈夫缺乏责任心，她们为此感到非常痛苦，但好像很少有人跟我抱怨因为丈夫没有学历而感到很痛苦。

丈夫和妻子在家庭中，合理分工，互相配合，才能经营好家庭。若一方常常表现出对另一方能力的轻视或者互相指责，那么在这种家庭环境中成长的孩子是会受到伤害的。例如，很多妻子抱怨丈夫，渴望自己的孩子能超越这个“没出息”的爸爸，自己却在用错误的教育方式，培养出一个可能比丈夫更没有责任心的孩子。因为母亲与孩子天然的亲密关系，很多孩子心中的爸爸，就是妈妈口中的爸爸。

如果妈妈懂得欣赏孩子的爸爸，哪怕他的水平很一般，孩子也会跟着发现爸爸身上的闪光点，努力去学习他身上的责任心等优点，做一个像爸爸那样优秀的人。如果妻子只知道抱怨丈夫，那么孩子从心里也是不喜欢、不尊重父亲的。这对他的成长非常不利，他也从小缺失了一个可以跟随、模仿的正面榜样，很难从父亲身上学到责任心。关于夫妻相处的话题，我们在后面的章节还会更深入地讲解。

很多妈妈不能理解为什么自己这么努力，为孩子付出这么多，孩子却没有责任心。我通过大量的观察研究发现，有的家庭的孩子很有责任心，而有的家庭的孩子却没有，核心因素就是，这个家庭有没有一个慈爱、温和的母亲。母亲慈爱，孩子就会被理解、被接纳、被尊重，从而很有责任感；母亲强势，孩子就会被挑剔、被指责，从而产生内心的叛逆和抗拒，变得很没有责任心。我们为孩子做了很多事，却没有控制好自己的情绪，所以中国的父母是全世界为孩子奉献最多，结局却最不理想的父母。很多家庭，直到父母老了，孩子跟父母的关系都不是很好。

反思我自己，为什么我从小就很有责任心？这要感谢我的父母。我来自一个非常贫穷的农村家庭，父亲在外面打工挣钱，供我和姐姐读书，母亲在家里承担了所有的农活和家务。别人家是两个人在田里干活，而我家只有我母亲一个人干。为了让活儿干得快一点儿，人家割稻子是来回割，我母亲是绕着稻田四周来割稻子。割完回家还要照顾我和姐姐。我母亲的勤劳是整个村里出了名的。

令我印象非常深刻的是，夏天的时候，别人家都已经做好了晚饭，孩子都在大人的照顾下洗好了澡，吃完了晚饭，躺在凉席上的时候，我们家却是黑灯瞎火的。当母亲拖着疲惫的身躯回到家的时候，我和姐姐的情绪都非常不好，很生气地抱怨说“快饿死了！”现在回想起来，我母亲那时候也可以抱怨说：“我不也很辛苦吗？”但是我母亲没有这么说，她只是说：“孩子们，我知道你们饿了，现在妈妈就给你们做饭。”

母亲的回答让我们的内心又温暖又愧疚。为了分担母亲繁重的工作，我 8 岁就学会了做饭和干农活，很快就成了母亲的好帮手。以后自己在读书的时候碰到困难，只要想想母亲勤劳的身影和她对我们的期望，就能咬咬牙继续奋斗了。初中毕业的时候，我以全乡第一名的成绩考入了我们省的示范高中，高中又以优异的成绩被浙江大学提前录取，大学毕业后又直接被保送硕士和博士连读。

我这一切的成绩，表面上是我自己努力的成果，其实背后都需要感谢母亲的慈爱给我种下的责任心的种子。然而，很多父母说："老师，你让我做什么都可以，我就是脾气控制不了。"而偏偏就是这让孩子缺乏了责任心。关于情绪这个话题，我们在下一个章节中会跟各位深入探讨。

2

很多妈妈说：“我也知道发脾气不对，为什么我就是控制不住？”

我想先跟各位家长做一个测试。

周末早晨，一家人计划好出去玩，可孩子就是磨磨蹭蹭的。他不老老实实吃饭，还故意把饭粒弄得到处都是，穿衣服时身体扭来扭去，你忙得出了一身汗，怒气一直在心里蓄积。你接下来会怎样做？

A. 心里早就火了，可表面还是不动声色，只是语气生硬了许多，甚至不再搭理宝宝了。听着宝宝一个劲儿叫妈妈，就是不答应，心想："你不是磨叽吗？就不搭理你了，看你认不认错！"

B. 出门前，催促声一直在宝宝耳边响起："快快快！你看吃个饭弄得到处都是，快别自己吃了，我喂你吧！""穿衣服怎么那么费劲儿！反了，脱下来，教你多少次了就是记不住！"

C. 早晨起床，宝宝刚一表现出磨蹭的苗头，你心中的火"腾"的一下就上来了，大吼起来："你看你！刚换的新衣服，又弄成这样！到底还想不想出门了？烦死人了！"

这恐怕是许多家庭中再熟悉不过的场景，其实这代表了"吼叫派父母"的三种典型的表现：A. 冷漠生硬；B. 急功近利；C. 生气易怒。我们希望通过吼叫让孩子听话，以为当自己怒吼过后，孩子就会乖乖地说："对不起！妈妈，我错了！"或者是："好的，我现在就改哦！妈妈，我真的没注意到时间！"

然而，这一切都是妄想。当父母吼叫着表达自己的愤怒时，得到的回应往往不是我们所期待的认错或改正，而是孩子的反感或变本加厉的反抗。对于每个失控的家长而言，吼叫也许是他们处理家庭矛盾最简单、最直接的方式。他们想从混乱和烦躁中逃离，却往往被挫败感所包围，还导致亲子关系恶化。

我想每个家长都有停止吼叫的愿望。你真的决定要开始改变了吗？那么是哪些理由让你决定做出改变，停止对孩子大吼大叫呢？我希望你思考一下，并且写下来，便于提醒和督促自己。

下面是一些父母的理由，看看是否有跟你一样的：

◎我嚷嚷的时候，女儿根本就不听。她切断了和我的联系。

◎我想为孩子们树立一个行为优雅的榜样。

◎我听到儿子嘟囔说："妈妈不爱我了。"

◎女儿开始学我的样子大吼大叫。

◎当我大喊大叫的时候，孩子们会跑向我的伴侣，因为他们害怕我。

◎我担心最后会导致我打孩子。

◎我想让家人知道不吼叫，孩子会变得更好。

◎我想成为一个比现在更好的父亲（母亲）。

……

很多父母可能只想学习减少吼叫的日常策略或者让孩子乖乖合作的具体操作方法，但是常常治标不治本，效果也是短暂的，因为我们在用工具进行实践操作的时候，不知道原因、不知晓原理，往往就不能对症下药。所以，了解吼叫是怎么发生的、有哪些深层原因非常重要。

那么，吼叫是如何发生的呢?

当你产生对孩子吼叫的行为时，一定是经历了“触发器—想法—情绪爆发”这一系列过程。了解了这个过程，你就知道你的吼叫是如何发生的了。触发器指的是一种暗示或者指令。通俗地说，就是导火索，可以分为外部触发器和内部触发器。

让你大吼大叫的外部触发器可能是孩子发脾气、吃饭磨蹭、不按时起床、乱扔东西、互相打闹尖叫、不听你的话、不写作业、撒谎……让你大吼大叫的内部触发器可能是饥饿、疲劳、悲伤、孤独、被误解、没有安全感、没耐心、被催促、烦躁……比如，当你看到你的孩子又把玩具扔得整个客厅都是（外部触发器）时，你就开始想（内部触发器）："他真是个不听话的孩子，我都说过一百遍了，玩具要收拾到盒子里，但他根本不听。他真是太懒了，我干吗要帮他收拾呢？"想到你每次边帮他收拾边喊他过来时，他却在看电视，你感到非常生气。当你继续有这些消极、负面的想法时，你的情绪就会变得更加紧张。当孩子脏兮兮地出现在你面前时，你酝酿已久的想法和情绪就会爆发。你开始冲他大声嚷嚷，指责他是个不听话、不懂事的孩子。孩子乱扔的玩具是外部触发器，之后你的想法令你的情绪升级到一个爆发点，然后你通过大吼大叫表达了你的愤怒和烦躁。

所以，当你逐渐了解自己的触发器以及想法和情绪是如何升级的时候，你才可能开始尝试做一些改变，阻止情绪爆发。你虽然无法控制每天会遇到哪些触发器，但是你可以调整自己的想法，也就是调整你对自己所见、所闻、所感的解读方式。

再举个例子，一天晚上，爸爸白天的工作没有做完，正在房间努力地加班。6 岁的儿子小明开始吵闹，不肯上床睡觉，缠着爸爸。原本爸爸就感到很疲劳，压力又大，小明的吵闹增加了爸爸的烦躁。爸爸开始想：“小明都这么大了，完全可以自己上床睡觉，为什么总是不肯服从我的管教，他的行为还总像个小宝宝？”

爸爸的这种想法加重了心中的烦躁情绪，然后他用朝小明吼叫的方式表达了自己的情绪：“因为你吵闹，今晚的睡前故事取消。什么时候你才可以不烦我，自己去睡觉呢？我烦死你了！”爸爸吼叫的结果是自己整个晚上感觉都很糟糕，之后的加班总是无法集中注意力，他很内疚。小明哭着上了床，他很希望睡前能跟爸爸待一会儿，讲讲学校里发生的事。他常常感觉到爸爸的工作好像比自己更加重要。

如果爸爸能够转变一下自己的想法，想到小明只是需要睡前陪伴，吵闹不睡觉并不是他的目的，爸爸的情绪就能好很多。如果爸爸能给小明放点音乐或讲个舒缓情绪的故事，小明的情况就会好很多。

所以，家长要做的是，观察是哪些因素成为你发脾气的触发器，反思你的感受和想法，让自己意识到你的行为对自己和孩子产生的影响。不要养成一遇到触发器就开启负面想法，然后开始吼叫的习惯。

吼叫其实有你不知道的深层原因

一位妈妈说：“我知道我不该因为女儿把沙发踩得很脏就朝她大喊大叫，但是怒火就这么从我心底冒了出来。女儿又可爱又有趣，但是我常常感觉焦躁不安，濒临崩溃。我总是怀疑自己没有能力做一个好妈妈，尤其是当我听见自己大发脾气的声音时。”

为什么这位妈妈会突然吼叫或者感觉无名怒火熊熊燃烧？可能她也很困惑。看起来是孩子踩脏了沙发惹怒了她，但是一定还有别的原因导致她产生那么强烈的反应。当我们深入挖掘时，就会发现隐藏的秘密：

（1）吼叫代代相传

如果你的父母经常吼叫，那么你也可能会很自然地朝你的孩子发脾气。在你家里，吼叫可能代代相传，已经成为家族文化的一部分。父母是孩子最早的老师，即便父母大发脾气、处罚严厉，让孩子觉得不舒服，但孩子仍会以他们为榜样。

上面这位妈妈之所以对女儿踩脏了沙发这么生气，是因为她小时候有一次没脱鞋就踩到床单上，结果她妈妈很生气地冲她大声嚷嚷了，还打了她的屁股。她印象中自己的妈妈对家里卫生的要求非常高。

所以，如果你看到这样的联系，你在教育孩子方面就前进了一步，对下一次自己面对类似情况将作何反应就会理智地做出选择。

现在，我希望各位家长思考下列问题，最好将你的答案写下来，你的回答会帮你了解成长环境是如何改变你的反应的。你的努力会帮助你将过去的创伤治愈，同时，这些思考可以帮助你打破吼叫的传承，并打造新的传统，成为你想成为的那种父亲（母亲）。

◎你的父母或祖父母是否经常朝你吼叫？

◎他们会对哪种行为发脾气？

◎当他们吼叫时，会说很伤人的话吗？

◎他们的吼叫是否伴随着咒骂或体罚？

◎当他们朝你吼叫时，你的感受如何？

◎如果不吼叫，你希望他们怎么做？

◎他们的吼叫对你管教自己的孩子有什么影响？

◎他们的吼叫对你成人之后对自己的认识有什么影响？

（2）迁怒于孩子

想想是否有这样的情况，当你冲孩子们吼叫时，其实是因为你对其他人生气。人们经常会选择一个更安全的对象——比如孩子——来发泄怒火。

有一个孩子说，有一天，她妈妈从街上回来，一个人拎了好几袋东西，非常重，还跑了好几个地方办事，回到家已经中午12点多了，特别累。妈妈回家后发现没有人做午饭，就急急忙忙开始炒菜。这时候，这个孩子拿着妈妈新买回来的钟表，问妈妈闹钟该往哪个方向调。妈妈边做着手势边说“右边”。然而孩子发现方向是反的，就问妈妈：“妈妈，到底是哪个方向啊？”这时，她妈妈突然朝她大吼：

“跟你说右边！右边！要我说几遍啊！”后来她知道了妈妈并不是生她的气，而是在妈妈很累的时候，没有人帮妈妈，尤其是爸爸，原本应该爸爸上街去做的事，却让妈妈做了。

所以，当你吼叫时，问问自己：“我到底是在对谁生气？”一旦你注意到自己有时候会迁怒于人，会通过朝孩子发火来发泄你对其他人的不满，你就会开始改变——你将慢慢减少吼叫的次数。

（3）隐藏在吼叫之下的感受

当你朝孩子发火时，问问自己：“除了愤怒，我现在还感受到了什么？是否还有一些难以名状的感受？”这些感受可能是害怕、难过、悲伤、失望、被拒绝、被伤害、羞愧和沮丧……比如，一位妈妈下班回到家，发现孩子和老公在一起开心地玩游戏，没有人做饭，于是就朝着孩子和老公大喊：“不做饭是吧？那就都别吃了！”表面看是生气老公没有做饭，其实当天是这位妈妈的生日，但是老公和孩子没有一个人想起来，也没有准备任何惊喜和礼物，她内心感到非常失望和悲伤，于是才大吼大叫。

吼叫也许能帮助你暂时释放压力和痛苦，但是要想处理吼叫的问题，你要发现藏在愤怒之下的感受。如果你能意识到自己卡在哪里，能够认同自己的感受和需要，那你很快就能得到疗愈。

那么，如何了解你自己呢?

很多父母说，当他们开始观察自己的吼叫行为，越来越了解自己的情绪触发器以及容易让情绪升级的想法和感受时，通常就会自动减少吼叫的次数。了解你自己，从自我观察开始。比如，如果孩子在正要出门上学的时候说要去厕所，你就很容易不耐烦，用恼怒的口吻说话。也许你会注意到自己是先感觉不耐烦，然后才开始嚷嚷的。当你开始有意识地留意这种情况时，你就会看到这种情况发生的频率在降低。自我观察会帮助你增进对自己的了解，并且知道了“准时”是你很重要的情绪触发器。

还有，你下一次吼叫的时候，看看是否能够感觉到身体的反应，比如你的呼吸会加快，你的声音变大，你的脸变得又红又热，你的脚开始踏步，或者来回踱步……察觉到你的身体反应，时间长了，这些现象就会成为提醒你注意的警示信号，这是在开始吼叫之前能够喊停的关键一步。

最后，当你下一次再朝孩子吼叫时，抓住这个机会自我觉察：“我为什么那么生气？我小时候是否有过类似的经历？我是否在生某人的气？我的健康、睡眠、个人时间等因素是否影响到我的情绪？我是否有其他感受没有被注意？”这些都是值得探索的问题。深入挖掘，找到藏在你愤怒之下的东西，这些感受需要被发现、被注意、被同情，你才能被疗愈。

下决心不再对孩子吼叫也许不难，但是当你真的被激怒时，想做出不同的反应就没那么容易了。这时，你可以尝试以下三个步骤：

（1）自问

我现在感觉如何？我“升级”的想法是什么？我能否接纳自己的感受，并且改变我的看法？

（2）平静自我

有这样一种平静自我的方式：自问时，开始感受自己的呼吸。用腹部呼吸，有意识地做 3 ~ 5 次缓慢、轻松的呼吸。你可以在吸气和呼气的时候，数四个数。呼吸的时候，感知自己的身体，想象每一个细胞都充满了氧气，温和地觉察自己的呼吸。只要孩子没有面临紧急情况，你在做出回应前，都要尽量给自己时间去关注呼吸。关注呼吸有助于调整你的情绪。在关注呼吸时就有机会用积极、现实的想法代替你“升级”的想法，就能让自己心情平静。等到自己平静下来，再来管教或者与孩子沟通。

(3) 同理心

确定孩子的需要，想一想孩子的个性和年龄。你对他是否抱有合理的期待？他需要的是一个结果还是一个拥抱？需要你重新为他指出方向？需要鼓励？或者需要清晰的界限？他的行为向你传递了什么信息？将自己置身于孩子的处境，尝试感受他的情绪和想法，倾听他想诉说什么，并且告诉孩子你能理解他的处境和感受。

注意：你不用每次都按照这个顺序来做。比如，你也许需要先关注自己的呼吸，才能了解自己的感受和想法。不要期望一次就记得所有的步骤，只要开始尝试，在练习的过程中，后续的环节就会自然发展出来。

用一个案例来说明以上三步是如何操作的。

周末的早晨，5 岁的小美在看她最喜欢的动画片。妈妈还在睡觉，因为她昨晚加班到很晚，想再睡一会儿。这时，奶奶让小美关掉电视，因为她觉得小美已经看了很长时间了，而且昨天说好 9 点小美要和奶奶一起出去买东西。没想到，小美不肯，还哭了起来。妈妈在卧室听见了小美的哭声，也听见奶奶越来越烦躁，说话的声音也越来越大。妈妈拉起被子蒙住了自己的头，她问自己："我现在有什么感受？"她有很多感受：因为女儿不听话而觉得生气，因为奶奶搞不定孩子而有点儿郁闷，因为自己不得不起来处理这个问题而恼火。

她注意到自己的呼吸变得更加沉重，身体的肌肉也更加紧张。她还注意到了自己不断升级的生气情绪，伴随着对这个情景中所有人的指责："如果女儿不是这么爱哭就好了，为什么这么大了还是不懂事，她就是为了叫醒我才哭的。如果孩子的奶奶懂得体谅我，就不会一早起来就大喊大叫，还把孩子弄哭。如果我自己能做得更好，现在就应该起来把孩子哄好。"

妈妈一直在努力让自己少一些吼叫，也一直在觉察自己的想法。所以，她先做了几次轻松的腹式呼吸，以确保自己的状态更加平静之后再出去解决问题。要是在过去，她肯定立马从床上跳起来，冲出去朝女儿大吼。但是现在，她会先安抚自己，并意识到现在的状况并未紧急到需要马上处理。她走到客厅，在沙发上坐下来，靠近女儿。小美还在哭。她搂住女儿说："早上好！我知道你特别喜欢看动画片，今天早上你是在看哪个？"小美的哭泣变成了低声呜咽，她说奶奶不让她看"巧虎"，还对她很凶。妈妈专注而同情地听着。然后，她转向孩子的奶奶，说："妈，你一早要出去买菜，又不放心让小美一个人待着，辛苦你了。"

妈妈知道情绪是会传染的，所以她说话很温柔，用自己平静的状态帮助小美和奶奶放松下来，然后她注意到小美和奶奶都慢慢平静了下来。接下来，妈妈问小美中午想吃什么。小美想了想，说想吃鸡翅啊，虾啊什么的。妈妈又问她要不要跟奶奶一起去超市买。小美开心地答应了。

在这个案例中，妈妈很好地运用了自问、平静自我、同理心三个步骤，避免了一场吼叫。在类似的生活场景中，各位家长可以多练习这个方法。当你不发脾气的时间越来越多时，你对自己的情绪管理能力以及帮助孩子调整情绪的能力就会更加自信。这个家里的每个人都得到了帮助，满足了自己的需求，也慢慢学会了尊重别人的需求。

3

影响责任心的关键因素——价值感

我身边发生过一个真实的故事，一个非常能干的女企业家，每天抱怨丈夫不能替她分担家务，没有什么责任心。后来，丈夫出现了婚外情，这个女企业家非常好奇他会看上什么样的女人：“我这么优秀，难道还比不过别的女人吗？”后来她才了解到，丈夫的出轨对象是他自己公司里的一个非常普通的女同事。于是，她更加不理解，就找到丈夫问：“我哪一点不如她了？”丈夫被骂了半天，只说了一句话："因为她需要我，而你不需要我。"这句话让这个女企业家幡然醒悟，她才明白自己的优秀并不是让丈夫跟她在一起的主要原因。两个人能在一起的真正原因是要让身边人感受到存在的价值。

同样是面对孩子，很多父母说："我的孩子天天捣乱，非常叛逆。"他们并没有想过孩子叛逆也要看跟谁叛逆。有个孩子就反驳说："我妈说我叛逆，那我跟我爸为什么不叛逆？"再如，你带着孩子出门，见到亲戚、朋友，你就不停地说，孩子就是调皮捣蛋，就爱打游戏，不上进。如果换成另一种说法，你告诉亲戚、朋友，你的孩子非常有责任感，在家里经常帮助你，是你的好帮手，你就会惊讶地发现，孩子在之后的表现是判若两人的。那为什么会发生这么大的变化呢？本质上是孩子有了价值感，这也是孩子内心安全感的真正来源。

前文提到过，孩子产生问题行为的背后本质有四个阶段：第一，寻求关注；第二，寻求权力；第三，寻求报复；第四，自暴自弃。如果孩子没有获得足够的关注，他就会持续寻求自己的主动权。如果还是没有得到，他就会产生报复心理，比如孩子在学校里捣乱的行为。如果还是没有得到，他就会让自己处于自暴自弃的状态。所有出现问题的孩子，背后的本质都是缺少尊重、缺少价值感，也就是我们经常讲的“缺爱的孩子”。但是，很多父母却错误地理解孩子的捣乱，盲目地进行批评和提出要求，这其实是南辕北辙，和孩子的矛盾必然愈演愈烈，甚至出现悲剧性的结局。

那么，如何让孩子有价值感呢？

（1）理解孩子

这个世界上，没有人会认为自己是错的，即使他愚昧无知。每个人都觉得自己很辛苦，即使他游手好闲。对任何人表示理解，这体现了你在处理人际关系上的智慧。我记得小时候干农活的时候，干得腰酸背痛，就特别讨厌很多大人说小孩子没有腰，是不会腰痛的。我就在想，那时候如果父母说“孩子，我知道你的腰很痛，你很辛苦”的话，其实我们的干劲儿会更足。

有时候，我们只是需要理解本身，而不是帮助我们解决问题。温州有位亲子导师叫童悦，她女儿的兴趣是学舞蹈。孩子训练舞蹈其实非常辛苦，好不容易有个国庆节，孩子已经安排了和同学一起旅游的行程，结果被学校通知节后参加比赛，国庆不能放假，要继续训练。她的内心非常痛苦，回到家跟妈妈说："妈妈，打死我也不去，我就要出去玩！"一般父母在这一刻，都会用说教的方式逼迫孩子参加训练，可能孩子从此对舞蹈就失去了兴趣。而童悦老师只是抱了抱孩子，说："妈妈理解你，练习舞蹈已经非常辛苦了。"孩子趴在母亲的肩上，很是委屈。后来，孩子自己推掉了和同学的旅游，继续参加排练。有时候，孩子回来跟你诉说在学校的各种辛苦，实际上并不是寻求你的大道理，而是希望被理解。父母讲话的时候只需要经常说："孩子，妈妈理解你。"这句话可以解决你跟孩子之间至少80%的问题。

（2）尊重孩子

中国的很多父母其实都不把孩子当人培养，而是喜欢把孩子当成自己的私人物品，可以随意讲话，随意发泄情绪，随意更改决定，认为不需要尊重孩子。这也是导致父母虽然付出最多，在孩子心目中满意度却非常低的重要原因。打个简单的比方，如果你跟你爱人发生了矛盾，回到家跟你妈妈诉苦，你妈妈却说："当年我是不是反对你嫁给他？谁叫你当年不听我的？现在吵架了吧，活该！"你听完这句话好受吗？你是不是很想离开这个家？但如果你去找你的朋友，你的朋友一般会选择先安慰你，然后再给你提建议。

这时候，你感觉会特别舒服，愿意多跟朋友在一起。所以孩子长大的过程，基本上都是在把父母淘汰的过程。而父母被淘汰，表面上是年龄的代沟，背后的本质原因，是父母对孩子不尊重。如果我们尊重孩子，我们就不会随意打断孩子说话，不会对孩子很不耐烦，也不会随意翻看孩子的私人物品，更不会随便抱怨和指责孩子。各位家长，如果你想培养一个有独立人格的孩子，请尊重他。

（3）欣赏孩子

中国有句古话："士为知己者死，女为悦己者容。"这些行为的本质就是被欣赏。中国的教育理念在 0 ~ 3 岁的孩子身上，基本上很少碰到问题，因为父母对那个阶段的孩子无条件地欣赏。尽管那个阶段对孩子的欣赏是建立在不了解孩子的基础上的，也不知道孩子的未来是什么，也看不到什么不足和缺点。

随着孩子年龄的增长，家长看到孩子的缺点也越来越多，孩子不再是那个完美的孩子了。于是，家长跟孩子之间的矛盾就逐渐增多了。如果这时候你还能欣赏孩子，你一定是很有境界的，这是非常优秀的家长——事实上这样的家长真的寥寥无几。所以，优秀的孩子从来都不是随随便便养成的，背后需要充满智慧的父母引导和支撑，而充满智慧的父母一定是热爱学习的父母。所以，让我们做这种愿意为了孩子来学习和提高自己智慧的父母吧！

第五章

帮孩子找到自己的梦想，让孩子自觉自发努力

1

梦想不一定是用来实现的

如果我们在一辆奔驰车前面的挡风玻璃上贴上一层黑纸，配上一个法拉利赛车的选手，请问他能跑出高速吗?答案是不能，因为他看不见方向。而梦想就是孩子前进的方向。没有方向，就仿佛在大海上航行却没有灯塔和指南针，非常可怕。

有一个团队，他们要走过一个很大的沙漠。很不幸，团队遇到了沙尘暴，所有人身上带的物品，基本上都被风沙给吹走了。他们身上带的水也所剩无几，还失去了方向，大家都非常绝望。这时候，队长拿出一个大水壶，跟大家说：“同志们，我们还有最后一壶水。如果现在就喝，是不够大家分的，只有确保每个人都走出去才可以喝这壶水。”结果，这个团队又从绝望中找到了希望，继续前进。他们走了很长时间，终于走出了沙漠。大家都冲向这个队长，希望能喝到那壶水，结果大家打开水壶，惊讶地发现，里面竟然只是一壶沙子。队长用善意的谎言拯救了整个团队。这一壶沙子是什么？其实就是梦想。

很多父母说：“我的孩子也有目标啊。我的孩子跟我讲，他的目标是要当个厨师，听完我都快气晕了。如果他只想当个厨师的话，我们还需要那么辛苦地送他去读书吗？”在这里，我想跟各位家长聊聊，其实厨师也是可以有成就的。他可以是个五星级酒店的厨师，可以是个米其林餐厅的厨师，也可以是个连锁酒店的厨师，还可以是给国家领导人做饭的厨师。所以，我们需要做的是帮助孩子构建他的目标，让孩子放大梦想和格局，继而能够推动自己更加努力。

有父母说：“我家孩子的目标是当领导者，听完我都吓晕了，他怎么可能当领导者？”他们就去做孩子的思想工作，让他更改目标。其实大可不必，因为目标不一定是非要实现的。我们需要的是让孩子在有目标的时候有意识地进行自我挑战，这种自我奋斗和拼搏的状态才是最有价值的。孩子将目标定位为成为领导者，即使将来成不了领导者，但是因为他的高定位，也会带来大格局，当个大公司的总裁什么的也不是不可能。所以父母的作用是帮助孩子找到目标，并且是让孩子敢于冲锋的目标。

据说在某个战乱年代，有一个部队只剩下六个人，他们都被留在了外国。他们的队长不幸遇难，那时战争已经结束了。队长在临终的时候告诉队员，要把他的尸体抬回去，因为这里面有重大的军事机密。于是，这六个队员就拥有了一个共同目标：把队长的尸体带回去。在整个行进的过程中，他们克服了很多困难和阻力，历尽千辛万苦，终于完成了目标。

那么，队长到底留下了什么军事机密呢？最后，他们找到了一张字条儿，是队长临终的时候给他们留下的。这个字条儿上的内容大概意思是说，其实没有什么军事机密，如果他不给这六个人设定一个共同的目标，他们可能在艰难险阻中就放弃求生了，最后未必都能活着回到祖国。帮他们设定一个目标的目的，是让他们都能平安地回到祖国。所以各位家长必须理解，梦想不光能带动一个人积极努力，还能帮助一个团队克服困难，获得更大的成就。

各位家长应该反思这些问题：你的孩子有目标吗？他对自己的目标有信心吗？他已经坚持这个目标多久了？做出了哪些努力？

2

我的孩子说得很好，就是做不到，咋办？

有一位母亲跟我反映说："孩子每次都说得很好，但是最后都没有做到。老师，你说咋办？"我告诉她："相比你对孩子失望，孩子对自己失望才是更痛苦的事情。就跟你无数次设定减肥目标，但最后总是以失败告终的感觉是一样的。"我又反过来问这位母亲："你每次说的都做到了吗？如果你每次说的都做到了，你还是今天这个样子吗？"对很多人来说，最难的事情就是说到做到。不光是孩子，所有的成年人最大的挑战也在于此。所以，父母最重要的事情不是总在孩子做不到的时候对其打击和嘲讽，而是要想办法让孩子能够不断地做到，从而战胜自己，让自己一步步成为优秀的人。

刘翔的教练叫孙海平，孙海平当然是跑不过刘翔的，因为刘翔是世界冠军，那为什么他可以成为刘翔的教练呢？因为孙海平做了几件事情：第一件，帮刘翔找到目标；第二件，制订切实可行的计划；第三件，让刘翔坚持下去，最后达到他的目标。每对父母都要成为孩子的好教练，我们不一定成绩考得比孩子优秀，但是，我们却可以让孩子更优秀。下面，我们会着重讲实现目标的三个步骤。

3

帮助孩子实现梦想的三个步骤

日常生活中，我们经常会听到身边有人在不停地高喊类似“我要戒烟”或“我要减肥”的口号。目前，全世界每天有数百万人在为戒烟或减肥而努力，但是，最终只有一小部分人能够永久地戒掉吸烟的不良习惯或恢复正常体形，大部分人则陷入了“下决心—放弃—再下决心—再放弃”的恶性循环中。为什么？因为他们并不相信自己真的能做到，“梦想”只是喊喊而已，不是具体的行动目标。

如何帮孩子进行目标管理呢?

(1) 定目标：先和孩子一起制定短期、中期、长期目标

比如，我们决定要爬 100 层高楼，但是爬 100 层高楼，想想都觉得很恐慌，于是就没有信心去完成它。我们就把 100 层定义成我们的长期目标，想办法用分解的方式去逐步完成这个目标。那我们设定的中期目标可能就是 10 层，而短期目标可能只是 3 层。这样，我们会发现完成短期目标很轻松，再完成中期目标难度也不大。完成之后再重新定短期和中期目标，最后达到完成爬 100 层楼的长期目标。

短期和中期目标的制定原则：具体、可量化、可达到、有时间限制。

比如，短期目标：本学期期末考试，我要考到年级前十名。

中期目标：两年后的中考我要考到某某中学。

长期目标：要成为一个科学家。

注意：一定要帮助孩子把目标贴出来，每天都能看到。

(2) 计划：选择路径—设置路标—清除障碍

选择路径——如果我们已经清晰地知道自己想去的目

的地是哪里，那么接下来就是做好计划，选择最快的路径。父母需要告诉孩子，通往目的地的路该怎么走，每一天需要做什么。

设置路标——为什么孩子定了目标却很难坚持、容易放弃？不是因为实现目标的难度大，而是觉得目标离自己太远，看不到头。所以很重要的一步——我们需要设置路标。

如果没有路标，就会迷路。就像在沙漠中如果没有任何标记，就会迷失方向。为了解决这个问题，有一个法国人在沙漠中用许多黑色汽油桶来做标记。每 5 公里放一个，因为 5 公里正好是人们能看到的最远距离。借助这些汽油桶，无论在哪里，人们总能看见两个汽油桶，一个是刚刚经过的，另一个是 5 公里以外的那个。人们所要做的，就是朝着下一个汽油桶不断前进。法国人创造的这个走出沙漠的方式，不就是我们实现目标的方式吗？

这样的例子还有日本马拉松选手山田本一的故事。别人疑惑山田本一为什么总能获得冠军，他说：“每次比赛之前，我都要乘车把比赛的线路仔细地看一遍，并把沿途比较醒目的标志画下来。比如第一个标志是银行，第二个标志是一棵大树，第三个标志是一座红房子……这样一直画到赛程的终点。比赛开始后，我就以百米冲刺的速度奋力向第一个目标冲去。等到达第一个目标后，我又以同样的速度向第二个目标冲去。40 多公里的赛程，就被我分解成这么几个小目标轻松地跑完了。如果把目标定在终点线上，那么跑到十几公里就会不行了，很容易放弃，因为被前面那段遥远的路程给吓倒了。”

所以父母要做的是帮孩子设置好一个个小目标，先努力完成这些小目标，最终大目标的实现也就水到渠成了。

第三步是清除障碍。是什么阻碍了我们持续的行动力？——欲望！想睡觉、想偷懒、想吃垃圾食品、想玩游戏、想玩手机……总之各种“想”，就是不想学习。

有舍才有得。要想达到目标，我们必须暂时放弃一些东西。你愿意为了你的目标，放弃什么？

（3）行动

①必须坚持。成功其实就是简单的事情重复做，把一件简单的事情做到极致。

②定好目标达成后的奖励，用以激励持续的行动。这个奖励必须是正向的，如果孩子达到目标是为了获得一台游戏机，那就偏离了初衷。

注意：行动需要鼓励，但是在鼓励孩子行动的过程中，切忌把孩子捧得太高。现在很多父母严重降低了孩子进步的标准，导致孩子对自我的评价过高，不切合实际，反而不利于孩子的进步。

第六章

学习上最大的阻力来自孩子认为自己不行

1

为何拖延变成“不治之症”——真相大白，一招根除

无数父母在孩子拖延这件事上非常苦恼，通常情况是越催促，孩子就越变本加厉地拖延。很多父母不能理解，为何付出了那么多努力，还是没有效果。其实很多父母只是在拼命地寻求办法，却没有研究过这样的行为是如何形成的。他们对付孩子磨蹭，更多的是用催促的方法，而催促正是让孩子变慢的重要原因。我前面提到过有个孩子跟我反映：“我妈妈叫我起床有三个步骤。第一个步骤是早上

跟我说‘快起床啦’。这时候，我可以不用理她，因为很快就会有第二个步骤——‘再不起床就要迟到了’。这时候，我也不需要动，因为还有第三个步骤——‘再不起床我就来揍你了’。这时候，我就真的要起床了，不起床，她真的会来揍我。”听完这个故事，似乎有些好笑，但其实也有些可悲。很多父母因为错误的行为，让自己受制于孩子。

有时，在讲课的现场，我会请一个家庭走上舞台，采访这个家庭几个问题。我会问孩子：“你觉得你磨蹭吗？”大多数孩子的回答是：“是的，我很磨蹭。”同时，妈妈也会给出同样的答案。我紧接着问：“你是从几岁开始磨蹭的？”大多数孩子和父母都会回答说：“从读书开始。”我总结说：“可见磨蹭这件事不是天生的。”父母和孩子都对此表示认同。接下来，我又问孩子：“磨蹭这件事是你自己突然想出来的，还是有人不停地提醒你，说你磨蹭的？”孩子回答：“是我妈说我磨蹭的。”我总结说：“可见这件事是有人先提出来的。”我又继续问孩子：“你妈说了多少次？是说了一次你就磨蹭，还是说了很多次？”孩子肯定地回答：“说了无数次。”我问：“刚开始你是相信自己就是磨蹭呢，还是很不服气，但时间久了，你还是相信了？”孩子回答说刚开始他不服气，后来终于服气了。

每次我做这个简单问答的时候，很多家长都会觉得好笑，但是当他们冷静思考之后，就会感慨万千。磨蹭这件事情，幕后的推手往往是父母，所以我们得出一个结论：很多父母辛辛苦苦用他们错误的方式把孩子教出了问题，而且他们对把孩子教出问题也非常有耐心。

那么，为什么很多父母会犯这个错误呢？我们发现，任何已经形成的看似顽固的孩子的问题，在最初发生的时候只是一个行为。比如“磨蹭”这个行为，最初的时候孩子只是作业做得慢了一点儿。别人的孩子晚上 8 点写完，你的孩子却写到了 10 点。所以，你的感觉是，孩子写作业很慢。

这其实是对这个行为的评价，然后当这个行为重复发生的时候，你的诠释是，这个孩子很磨蹭。然后，你就总会跟孩子说他很磨蹭。最后，孩子也相信自己就是个磨蹭的孩子。最终，他磨蹭的行为就会重复。相比父母觉得孩子磨蹭，孩子认为自己磨蹭更可怕。

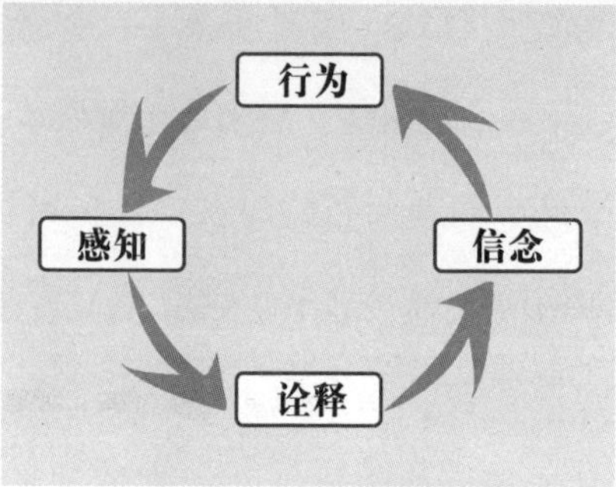

习惯养成图

上图可以解释我们很多坏习惯养成的怪圈，那我们该如何破解它呢？

我们要从最初发生的行为开始，如果孩子晚上10点写完作业，我们读取的信号不是孩子写作业慢，而是要努力发现不好行为背后的闪光点，这件事就会随之发生巨大的改观。各位家长思考一下，孩子到晚上10点才完成作业，除了“磨蹭”这个不足之外，有没有值得夸奖的地方？比如孩子还是很细心的，或者是很认真的，至少在完成目标上还是坚持不懈的。如果你能读取到这样正向的信念，并且把它重复，再重复，直到孩子自己相信，那么你的孩子就培养出了做事认真、细心的品质，这会让他受益一生。

总结为一句话就是，你每天唠叨的就是孩子的未来。正向的鼓励肯定会产生正向的信念，负向的批评就会相应产生负向的信念。

父母就像孩子大脑的程序员，每天都在给孩子的大脑编程。如果程序编写错误，那么孩子一生的行为都是被错误的方式引导的；如果程序编写正确，那么孩子一生的行为就会被正确的方式引导。可见父母不学习真的很可怕。

很多父母疑惑：孩子已经形成了类似磨蹭这样的坏习惯，该怎么办呢？首先，父母必须意识到，这个行为习惯不是一天养成的，单靠一招半式、急功近利是解决不了本质问题的，必须做长期的准备，做打持久战的准备。我们已经把这个钉子一次次钉到孩子的内心深处了，现在需要一点点地拔出来。不停地用正向诠释，来代替已有的负向诠释，让孩子自己相信，就会真正地改变孩子的行为。在这一点上，父母的情绪急躁、没有耐心和思维消极悲观，都是改善孩子行为过程中的阻碍。很多父母问做不到怎么办，我说："除非你不想让孩子优秀。"

2

让“我不行”变成“我能行”的秘诀

有一天，一个6岁的小女孩跑过来跟我说：“王博士，我发现自己真的好笨呢。”我便问她怎么啦。她说：“我妈天天骂我‘笨死了，笨死了’。刚开始我都不相信，最近发现我真的很笨。我妈妈前段时间带我去一个地方去了好多次，结果我还是迷路了……”一个6岁的小女孩本来是含苞待放的花朵，我却从她的眼神中看到些许凄凉，非常可惜。很多父母不知不觉间用错误的方式给孩子的内心植入了很多“我不行”的信念，而这样的信念却在影响孩子的一生，甚至到老也无法改变。

对于孩子学习上的失败，也同样如此。没有哪个孩子不希望自己在读书上扬眉吐气的，因为在学校，面对老师和同学，成绩不好的学生压力是非常大的。很多孩子以不屑一顾的态度面对自己不理想的学习成绩，但其实他们的内心非常渴望成为成绩优秀的学生。

当孩子考试失败 1 次时：孩子的内心在暗暗发誓，“我会奋斗的”。

当孩子考试失败 2 次时：孩子的内心还在告诉自己，“我还会继续努力”。

当孩子考试失败 3 次时：孩子露出了无奈的表情，心里想“我已经很努力了”。

当孩子考试失败 4 次时：孩子会觉得自己就是命不好。为什么这么努力，还是成绩不好？

当孩子考试失败 5 次时：孩子终于得出一个结论——自己不是学习的料。

当孩子考试失败 6 次时：孩子不敢面对自己，欺骗自已说读书无用，以此来安慰自己，并开始把注意力投入其他能找到成就感的地方，比如游戏。

当孩子考试失败 7 次时：孩子已经习惯了失败的状态，一副破罐子破摔的样子。

各位家长想过没有，在孩子的失败信念形成的渐进过程中，其实也给了我们充足的时间和机会来帮助孩子。但是很多父母并不懂正确的教育方法，甚至还落井下石，导致孩子落得不好的结果。如果我们真的愿意用心来帮助孩子，我们就必须引导孩子体验成功是什么滋味。

当孩子考试成功 1 次时：孩子自己都认为是走了狗屎运，因为他不相信自己。

当孩子考试成功 2 次时：孩子对自己学习不好的认知产生了动摇，心里怀疑这是不是真的。

当孩子考试成功 3 次时：孩子开始相信，努力还是有用的。

当孩子考试成功 4 次时：孩子得出结论，原来自己不笨。

当孩子考试成功 5 次时：孩子慢慢觉得，自己还是挺有水平的。

当孩子考试成功 6 次时：孩子坚定地相信，只要坚持到底，可以无所不能。

当孩子考试成功 7 次时：孩子从此越挫越勇，可以克服所有困难。

从上面的心理变化过程可以看出，十余年的读书生活，对孩子一生的影响是非常巨大的。有的孩子读出了自信，有的孩子读出了自卑。我们曾经嘲笑过学霸，甚至片面地否定读书、宣扬读书无用论。媒体上宣传说，高考状元几乎没有一个有大成就的。这样的观点为什么广为传播？因为大家都不是高考状元，这样的观点能够让读书不好的人得到莫大的心理安慰。但是学霸终究是学霸，当他在学习上不断战胜自己的时候，他的内心也充满信心。尽管不是这个社会上最有成就的人，但是他们的优秀程度，要远远高于一个读书失败的孩子。

我从浙江大学毕业后，尽管从来没有靠自己的专业在社会上打拼过，但我发现读书对我的帮助非常大，尤其是在自信上。我跨越了三个行业，每一个行业都做得还不错，因为我相信自己，只要好好学习一定可以成为内行人，这是读书给我的帮助。反观那些不爱读书但可能因为机遇在社会上获得一时成就的人，大都是昙花一现。十多年前，当我还在读大学的时候，我有些高中同学觉得读书不好，于是辍学去赚钱，虽然当时在经济上暂时领先于其他同学，但现在基本上都消失在人们的视线里了。

3

正向影响孩子的最高智慧

无数父母都在影响着孩子，但是影响的结果却不一样，因为父母的智慧不一样。影响孩子的最高智慧，就是影响孩子的潜意识。弗洛伊德的意识层次理论将意识分为三个层次，除了意识，还有两个层次：自我觉察到的思维活动，称为“前意识”；人没有觉察到的、不自觉的思维活动，称为“潜意识”（也称“无意识”）。

我们学习一切知识，前期都是意识层次，从意识层次逐渐内化成我们的潜意识。就如我们刚开始走路都是歪歪扭扭的，需要思考和刻意用劲儿，后来我们再也不用考虑怎么走路了，因为走路已经变成潜意识的行为。开车、吃饭、刷牙等行为也大多如此，我们这一生实际上都在受潜意识支配。所以，我们要去影响一个人，最根本的是要影响他的潜意识。

前文提到过，孩子在小的时候就如同一个没有吸过任何水的海绵，这时候无论给他干净的水还是脏水，他都会照单全收。而两种“水”对孩子一生的影响，有着天壤之别。所以父母要特别注意，在孩子 0 ～ 6 岁时，给孩子这块海绵吸取最干净的水。如果这个时期没把握住，后期就需要把以前的脏水先挤出来，那就非常辛苦了。

我们要把一根钉子钉到墙的深处，决定结果的有两个因素：第一，每一次敲击的力度；第二，敲击的次数。如果你的力度不够，那你就必须用次数来弥补；如果你的力度很强，你可能以较少次数就能达到目标。影响孩子也同样如此，如果你经常带他到高能量的环境，以此来影响他，借由高强度的打击力，就可以减少很多的次数，实际上节省了时间。如果你自己的力量比较小，也可以通过坚持到足够的次数，从而达到好的结果。

懂得了潜意识这个奥秘，父母的进步过程，从学到做，我们总结了三个步骤：第一，重复学习；第二，反复实践；第三，帮助他人。如果我们要影响孩子，也同样需要以下三个步骤。第一，贵人相助，借力使力。也就是找到更有力度的榔头，来帮你击打这个钉子。第二，绝对尊重，绝对影响。不去侮辱孩子的人格，让他有价值感，但对他的错误行为绝不妥协。第三，改变环境，潜移默化。改变家庭乃至家族的成长环境，树立更多优秀的榜样，让孩子生活在一个积极上进的环境中。

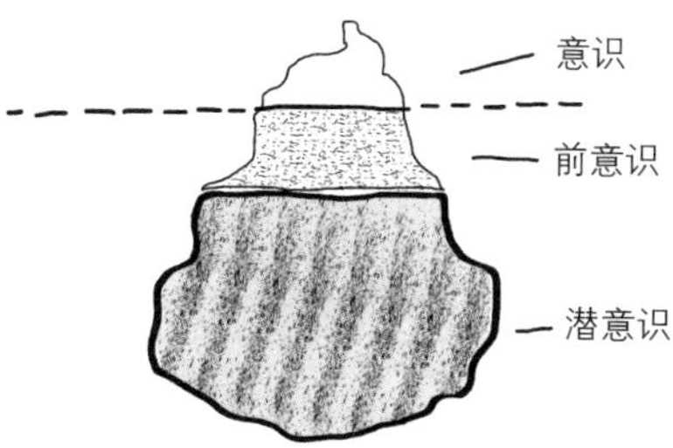

意识层次结构示意图

第七章

你经营的家是孩子的
加油站还是垃圾场？

1

你的家温暖吗？

北京师范大学儿童家庭教育研究中心和《中国教育报·家庭教育周刊》联合发布了《全国家庭教育状况调查报告（2018）》，该调查覆盖了全国31个省（自治区、直辖市），共11万余名四年级学生、7万余名八年级学生和他们的3万余名班主任参与。该调查基于全国代表性取样，其结果能反映全国家庭教育的状况。

报告显示："有温暖的家"排在学生认为的人生重要事

情的首位。无论是四年级还是八年级的学生，在他们的观念里，人生中最重要的事情均为“有温暖的家”，选择比例分别为 39.3% 和 49.4%，远高于其他价值追求的选项。这表明无论是小学生还是中学生，孩子都将温暖的家庭作为生命中最重要的追求，反映了他们对家庭的重视、依赖和对温暖家庭的期望。

作为父母，我们思考一下，我们的家温暖吗？当孩子放学回家后，我们问孩子的第一句话是什么？大概有 90% 以上的父母都问过，作业做完了吗、什么时候考试等类似的问题。大家也觉得很正常，因为这也是老师要求父母做的。但是大家有没有想过，孩子回到家的感受是什么？

我们一起换位思考一下，比如家长每天回到家，孩子都蹲在门口，问你：“妈妈（爸爸），你最近加工资了吗？什么时候升职啊？我们家什么时候换大房子？什么时候换车子？”你回家的压力大吗？你会觉得这个家温暖吗？还想再回到这个家吗？我们在工作中已经承受了巨大的压力，都希望回到家能放松一下，把家变成一个充电的地方，一个感受温暖的地方，这样我们才会有新的力量，重新面对新的挑战。孩子在学校读书也同样如此，家对他也是一个充电的地方，但是现在很多父母错误的教育把家变成了一个耗电的地方。

我在读书的时候，为什么动力特别足？因为我每次回到家写作业，我妈妈都会说："孩子，如果你累了，就多休息一会儿。"其实我妈妈越这么讲，我的动力就越足，因为我感觉到内心很温暖。但是现在的孩子回到家，基本上已经感受不到这样的温暖了，所以现在孩子把作业、学习当成巨大的负担。这也是导致厌学比例不断攀升的一个很重要的原因。

有时，我讲课的时候会请两个不同的家庭上台，一个家庭演示他们家是互相抱怨、互相推卸责任的，另一个家庭演示他们是互相理解和包容、互相检讨自己的。两个孩子假如成绩都考得很差，回到家，第一个家庭的妈妈就会说："你怎么读书这么差！不好好努力，钱都给你白花了。"然后再对爸爸说："这个家你管过没有？"

这时候，爸爸也会说："家不是你管的吗？"我问在边上的孩子："你觉得这个家温暖吗？"孩子说："不温暖。"

我问："如果你在外面考试成绩差，你会有动力继续努力吗？"孩子说："我不想再努力了。"而且，从这个家出来的孩子会特别喜欢推卸责任，考试考差了回来会跟妈妈说，之所以考得差，是因为语文老师把卷子出得太难了，全班同学都考得很差。他学会推卸责任是因为这个家里的父母都在推卸责任，从小就给他做了不好的榜样。

而另一个家庭，父母都在检讨自己，孩子的成绩考差了，妈妈会跟孩子说："妈妈最近可能关心你太少了，你已经很努力了，妈妈也知道你很难过。我们继续加油，下次会考得更好。"爸爸也会说："这个家我没担到责任，都是你妈在辛苦操持。孩子，你好好努力，爸爸以后也会为你加油的。"我问这个孩子感觉这个家怎么样。孩子说："非常温暖，我也会更有力量去面对新的挑战。"

曾经有一个家庭来找我咨询，家里上初二的孩子已经不好好读书了，甚至不去学校，奶奶和妈妈都非常苦恼。奶奶和我见面时不停地说自己为这个家做了很多事情，而且自己也没做错什么事，就是孩子的妈妈不好。然后妈妈和我见面时，同样拼命地表达自己很优秀，做了很多正确的事情，就是孩子奶奶做错了很多事。最后，我就把她们聚到一起，很严肃地说："你们两个都是对的，而孩子却出了问题，你们不觉得这很搞笑吗？结果不好，对了又有什么用？如果反过来，你们两个都是错的，孩子却很优秀，你们即使都错了也是值得的。为什么孩子会变成这个样子？因为在这个家庭里，每个人都在证明自己是对的，别人是错的，这个家很不温暖。所以孩子内心非常委屈，没有上进的动力。"

以前我听过一个故事，说两个对门的家庭，一个家很幸福，另一个家经常发生很多矛盾。后来，他们两家的女主人在电梯里碰到了。不幸福家庭的女主人问对方："你们家是怎么经营家庭关系的呀？"家庭幸福的女主人回答："我们家每个人都是坏人，而你们家每个人都是好人。"

对方一听就非常生气："明明我们家都在吵架，你不是在讽刺我吗？"幸福的女主人解释说："不是这样的，我们家都是坏人，是因为当我们家发生矛盾的时候，每个人都在说自己不好。比如一个碗打碎了，我就会跟老公说：'老公对不起，碗是我打碎的。'老公却说：'也不能怪你，是我刚才忘了把碗收起来，所以放在桌子上让你打碎了。’如果在你们家，碗被打碎了，可能你会跟老公说：‘要不是你把碗放在桌子上，我怎么会打碎？’你老公大概也会说：‘明明是你打碎的，你怎么怪我呀？’你们家都会证明自己是好人。”不幸福家庭的女主人听完后非常惭愧。

一个家庭要幸福，每个人都要学会把责任往自己身上担，把成就给别人。如果反过来，责任别人担，成就自己要，那么这个家就会非常不温暖。

2

化解孩子情绪的四个步骤

很多时候孩子不努力，只是出于情绪对抗。情绪对抗发生时会让我们失去理性思考，很容易做出过激的行为。然而，很多父母不懂得如何正确地处理情绪，不知道如果能处理好情绪，就能达到四两拨千斤的效果。

那么，如何来化解孩子的负面情绪，让孩子积极地面对生活的挑战呢？

（1）识别孩子的情绪

情境一：孩子考完试回到家，将成绩单往桌子上一放，就立马跑回自己的房间了。想一想，孩子此时是什么心情？你对孩子说的第一句话应该是什么？“孩子，我看到你有点儿内疚的样子，怎么了？”或者“我看见你有一点儿害怕挨骂的样子，是什么原因呢？”

情境二：公司的同事带孩子一起到家里来玩，两家孩子争夺游戏机，最后扭打起来，大人通过劝阻把他们分开了。这个时候，想一想，你的孩子是什么心情？可以参照上面的示范语句，问一问孩子：“我看到你很愤怒，是吗？”或者“我看你的样子很生气，是什么原因呢？”

描述内心感受的词语有生气、讨厌、担心、冤枉、愤怒、伤害、被排斥、空虚、沮丧、失意、混乱、寂寞、害怕、恐惧、惊慌、拘谨、憎恨、嫉妒、迷惑、痛苦……

你要鼓励孩子把内心的感受说出来，在帮助孩子认识情绪的过程中，家长的作用是启发、引导。孩子在描述感受时，家长可以通过倾听的方式来表达肯定，但切记不要过急地做出任何判断。如果孩子急于说出事情的始末、谁对谁错，你可以用语言把孩子带回到情绪部分。例如：“原来是这些使你这样不开心。来，先告诉我你心里的感觉怎样？”或者“哦，怪不得你这样反应呢！现在你心里觉得怎么样？”另外，孩子需要一些时间去表达他的感受。耐心些，当孩子正努力地说出情绪时，不要打断他，鼓励他继续说下去，帮助他去捕捉内心的情绪。

（2）对孩子的情绪表达同理心

大多数情况下，孩子不是在故意捣乱，只是他内心感受的自然流露，所以父母对孩子情绪的接纳是很重要的。而接纳情绪最好的方法就是同理心。比如孩子哭泣，很多妈妈对孩子哭有反感情绪，就想方设法让孩子停止哭泣。为什么不让哭？有多种原因：有的是因为哭让妈妈感到心烦；有的是觉得孩子哭是太脆弱的表现，希望他坚强，或者觉得男孩子哭不像话，不应该哭。有的家长同理能力很弱，孩子哭了，家长却不知道他为什么哭，只是一味地让他停下来。

有一位妈妈在孩子哭的时候不让他哭，结果孩子内心的紧张、焦虑、无奈、愤恨和压抑积累了下来，最后有了抽动的症状。更有甚者，在孩子发脾气的时候，父母大声喝止孩子，结果吓得孩子都不敢发脾气了，但是内心的情绪却没有消失，只是被压抑了。这种情绪积累得多了，早晚会以某种更严重和更糟糕的形式表现出来。

如何接纳孩子的情绪？比如，你正在检查孩子的家庭作业，发现有一处错误，批评了孩子几句，然后让孩子更正。但在孩子更正的过程中，你发现是你看错了，其实孩子没有做错。这个时候，孩子开始显出一副被冤枉、委屈的表情，继而嘴里嘟嘟囔囔，开始用笔敲桌子，最后甚至发脾气摔文具。作为家长的你，该怎么说呢？你可以说：

“我看见你委屈的样子了，是妈妈冤枉了你，是吗？”（描述情绪）

“你有这种情绪很正常，换成妈妈被冤枉了也会有这种脸色。”（接受情绪）

“你嘴里嘟嘟囔囔，用笔敲桌子，你想发泄你的不开心，妈妈可以理解。”（容忍不过分的发泄情绪的方式）

（3）引导、鼓励、帮助孩子找到解决问题的方法

如何引导呢？首先，家长要询问孩子，他想得到些什么？比如，“不希望玩具被别人拿走”“希望不要被冤枉”“想

数学分数考得高一些”。

然后，与孩子一起讨论解决问题的方法，并且引导孩子做出恰当的行为，代替伤害、破坏的行为。比如通过言语启发他：“如果重新来过，除了打他，你能想到其他的方法吗？”“下次数学考试的时候，要怎么做分数才会更高一些呢？”

(4) 给予孩子信任和支持

告诉孩子，你相信他，只要他继续努力，将来会越来越好。让孩子把注意力从低谷的情绪转向积极乐观的状态，去面对生活的挑战。

曾经有一个非常叛逆的孩子来到我们的课堂上，结果在课堂上听课的时候和老师发生了摩擦，就一个人站在课堂的中间，不管谁劝阻，都无济于事。当时，工作人员就找到了我，我到课程的现场，强行把他带出了课堂。孩子被我这个举动吓坏了，他心里想这下肯定完蛋了，又是一顿批评了。我带着他来到我的办公室，让他坐下来。他当时的情绪非常激动，我就温和地问他：“刚才我的行为有没有吓到你？”他的情绪立刻就开始缓和了。我说：“如果我是你的话，刚才我可能也被吓到了，所以我必须向你道个歉，请你原谅。”孩子的情绪就从恐慌、对抗慢慢平复下来，然后开始哇哇大哭起来。我就抱着他，让他哭了一会儿。那个孩子在我面前哭，其实也是找到了安全感，就像很多孩子喜欢在父母面前撒娇一样。我告诉他：“我理解你。”他哭完了，我俩就开始聊天。我问他：“在刚才那个场合，你扰乱了课堂秩序。所有人可能都会觉得这个孩子不懂礼貌，你给大家留下了不好的印象，损失太大，咱们该想办法把这个面子给挣回来。”他弱弱地问了我一句：“怎样才能挣回来？”我说：“咱们去给老师道个歉，这样老师和同学们就会觉得你是个有心胸、有气度的孩子。”当时，这个孩子的表情有点儿为难，我就说我带他去。我带着孩子返回了课堂，给老师道了歉。现场的人都非常诧异，他们不知道发生了什么，只是相隔了十分钟，这个孩子竟然发生了如此大的转变。当孩子走出教室的时候，他整个情绪发生了翻天覆地的变化。孩子的妈妈后来反馈说，自从那次经历以后，孩子回到学校的变化非常大，以前经常跟老师对抗，后来变得让老师喜欢了。所以，当我们用好化解情绪的四个步骤时，我们真的可以帮助孩子战胜自己，希望每个家长都能践行它。

3

夫妻亲密关系是如何获得的？

曾有一位爸爸向美国著名的脑神经科学家梅迪纳教授请教，怎样才能帮儿子考上哈佛大学？梅迪纳回答：“从现在开始，你回家好好爱你的老婆。”教育专家孙云晓后来专门就此事追问梅迪纳，为什么当时让那位爸爸回去爱老婆？梅迪纳回答，因为对孩子学业成就最佳的预测指标，就是家庭情绪的稳定性，家庭情绪的稳定性取决于妻子的情绪。夫妻关系在所有的家庭关系中是第一位的！

但是，根据民政部发布的调查数据显示，中国目前的夫妻关系现状是这样的：2016年办理离婚手续的共有415.8万对，也就是大约832万人离婚了。并且近10年来，中国离婚率一直在增长。

一位处理过400多起离婚案件的知名律师说，她见证了婚姻从曾经的“七年之痒”，缩短成了现在的“三年之痒”。离婚有六大主因：对方出轨、家庭暴力、性格不合、婆媳关系不和、对方有不良嗜好、购置房产意见有分歧。我们不禁要思考，为什么那么多美好的婚姻最后都是以不好的结局收场的？到底该如何经营一段美好的婚姻？如何营造幸福的家庭氛围？经过多年的观察和研究，我把夫妻关系的成长总结为四个阶段。

（1）期望阶段

我们思考一下，为什么我们当初会彼此吸引？在大学的校园里，有个男孩走在校园的林荫小道上，他看到图书馆的窗口，有一位长发飘飘的女同学，拿着一本书在认真地读，优雅、文静的举止让这个男孩怦然心动。于是，他展开了猛烈的“进攻”，甚至经常尾随在这个女孩的后面。

有一次，当他尾随的时候，不小心被发现了。这个女孩突然站在原地，男孩就像偷了东西被发现了一样，有些慌乱。女孩气急败坏，一个巴掌便打了过去，大声说：“流氓！”一甩头就快步走开了。男孩用手捂着被打得热辣辣的脸，心里却想，女孩连打人都打得这么优雅。男孩不光没有退缩，反而更加猛烈地追求女孩。这个女孩打完人之后有一丝愧疚，终于给了男孩一些面子，同意出来喝一次茶。她慢慢觉得这个男孩挺好的，因为以往也没有哪个男孩对她这么穷追不舍过。最后，他们终于成了男女朋友。

反思一下，他们彼此相爱，到底爱对方什么？是因为很了解对方，还是因为不了解对方？男孩当初爱这个女孩只是因为在图书馆的窗口一刹那的感觉，给他留下了美好的回忆。两个人彼此相爱是因为有美好的感觉，但是结婚后，天天在一起的时候，这种美好的感觉还在吗？当两个人进入了非常熟悉的阶段，慢慢会发现，曾经非常喜欢的人在生活中也有很多恶习，这种美好的感觉被迅速地破坏了，彼此陷入了失望甚至是绝望之中，然后就会踏入婚姻的第二个阶段。

（2）失望甚至绝望阶段

我们回想一下，其实很多家庭基本上都是以互补的方式结合的。一个活泼开朗的女孩，特别爱说话，她可能不太喜欢跟和她一样爱说话的男孩在一起，因为连插嘴的机会都没有，她最需要的是一个耐心的听众。在某个社交场合，她发现角落里有个男孩经常默默地注视她，却没有说话，她很想了解这个男孩到底在想什么。当她有机会接触这个男孩，跟他聊天时，她发现这个男孩讲话很有深度。当然，一个思考了半天的人，讲话确实会更精准一点儿。于是他们会互相吸引，有可能最后就会结为夫妻。但是结了婚之后，当女孩一直说话，而男孩没有回应时，她就会抱怨："你怎么半天都不回一句？"很多女孩结婚后挑剔男孩的原因，往往也是女孩结婚前喜欢上男孩的原因。很多夫妻结婚是因为互相吸引，比较有共同语言，但是离婚时却说没有共同语言。其实人并没有改变，只是他们相处得太久了，彼此熟悉了，就不再有那种美好的感觉了。所以，这个阶段的感情是很容易破裂的。如果这个阶段他们真的分手了，这个女孩就可能认为是自己找错了对象，因为当年追她的男孩挺多的，她会重新寻找下一个目标。再结婚后发现，过不了几年，同样的问题又出现了。然后，她会再换、再找。最后，她会得出一个结论：天下的男人没有一个好东西。但实际上每一段甜蜜的感情，都会经历从期望到失望的过程，都必须走过婚姻的低谷。这个阶段也有很多家庭不选择离婚，是因为他们已经有了孩子，他们把目标转向了孩子，彼此的抱怨就会少很多。也正是因为有了孩子，他们觉得夫妻和睦是一种责任，所以坚持走了很多年。如果 20 年之后，他们的孩子慢慢长大了，读大学了，他们还没有想明白的话，就会选择离婚。这就是人们常说的，孩子高考后是离婚的第二个高峰期。这些年，他们可能一直带着对彼此的抱怨生活，但某天他们心里突然浮现一句话：算了吧，就这么过吧。这句话的潜台词，实际上是放弃了对另一半的挑剔和抱怨。当妻子一旦不挑剔的时候，会豁然发现这个老公其实挺棒的，对她也挺好的。她就会感到很幸福，这时候会步入婚姻的第三个阶段。

（3）接纳阶段

很多夫妻在谈恋爱的时候，一个眼神就能明白对方的意思，这叫“心有灵犀”。但是在遇到矛盾吵架的时候，明明对方就站在你对面，你却非得用吼叫的方式说话，嗓门儿越来越大。关键是对方还听不到，因为心与心的距离已经越来越远了。我们都站在自己的角度想改变别人，别人痛苦，我们也非常痛苦。

我们接纳另一半是因为我们明白，人不能改变对方，每个人都不是完美的。我们撞墙撞了很多年，终于明白了一个道理：我们是撞不倒墙的，我们必须重新找到一条路。当我们明白这个道理之后，很多家庭就会从内耗的状态，变成共同努力的状态，彼此的内心都会特别平静。于是，我们很快会过渡到第四个阶段，那就是欣赏阶段。

（4）欣赏阶段

其实第一个阶段也是彼此欣赏，但是那时候的欣赏是因为不了解对方，只是看到了对方美好的一面。而现在的欣赏，是在看到对方的不足时，还能看到对方的优点，这才是人生真正的智慧。我们理解为，看山仍是山，看水仍是水。这时候，我们都会想办法弥补和宽容彼此的不足，这才是真正的亲密关系。有的夫妻到老也没有明白这个道理，一直都在彼此埋怨。但是也有夫妻 30 岁就有这样的智慧，过着幸福的生活。所以，让人生幸福和圆满，不在于年龄大小，而在于不断学习、反思和顿悟。

同时，我们也总结了让家庭更幸福的秘密。

同频——在一起做共同的事情。比如一起做饭，一起看电影，一起散步。

同理——相敬如宾。不要说伤害对方的话，多说理解对方的话。我经常在全国各地讲课，记得有一次，我到家已经凌晨 1 点了。看到太太醒来，我就悄悄地给她倒了一杯温水，并且告诉她，她为这个家付出很多。第二天，我太太说她很感动。

同学——为了家庭，愿意共同学习。只有家庭成员共同学习，才能达成共识。

同志——设置家庭共同目标。每年，我们整个大家庭，春节一过完，就坐在一起讨论大家的年度目标。让家庭成员之间团结的最好方法，就是找到一个共同的目标。家庭就是一个团队，也类似于一个企业的经营，共同目标是第一位的。

4

家庭会议怎么开才能有效化解家庭矛盾？

大家在家庭生活中，会遇到各种各样棘手的问题：婆媳生活习惯、教育观念不同，导致孩子钻了空子；你讲的话对孩子没用，孩子根本不听你的；孩子不遵守约定，经常耍赖……面对这一大堆需要沟通和解决的难题，有什么好办法呢？那就是开家庭会议，实行民主集中制。

为什么要开家庭会议？

（1）只有氛围民主，才能培养出独立思考的孩子

中国的父母总是想让孩子听话，实际上总是听话的孩子是不利于培养创新思维的。很多孩子的家庭培养过程，已经注定了他们到社会上是失败者。全球化的社会，在非民主氛围下长大的孩子和民主氛围下长大的孩子 PK，前者极有可能会输。只有创造力才能保证孩子在今后的竞争中立于不败之地。

（2）只有共同协商，才会共同遵守、积极参与

为什么你辛辛苦苦定的规矩，孩子不愿意遵守？因为如果什么事情都是父母决定的，孩子就不高兴了。人必须想通这件事为什么要做，才会自觉地去做。只有让孩子参与讨论，让他感受到自己在家里的归属感和价值感，他才会主动去做。

我有个学员，买房子要付 20 万元首付，钱不够，于是他召开家庭会议，并且让孩子参与。父母在讨论如何把钱攒齐时，刚开始孩子觉得莫名其妙，后来他也认真参与进来了。最后，孩子决定把他每星期 5 元钱的零花钱拿出来用于买房。爸爸说：“孩子，你为家里买房做出了巨大的贡

献。”买房之后，孩子又关心装修、搬家等事情。这样的家庭培养出来的孩子会很有责任心。反之，很多父母总是认为孩子不懂事，什么事情都不让孩子参与，这样的家庭很难培养出有责任心的孩子。

(3) 培养孩子的沟通表达、组织协调能力

浙江绍兴有一位妈妈，用专制的手段教育孩子，所以孩子心里有什么话都不跟她说。这位妈妈来到扶鹰学习之后，从以前专制的模式转变为民主沟通的模式。有一天，这位妈妈下班回家，看到冰箱上贴了一张字条儿，上面写着：“妈妈，我很生气，我要跟你谈谈。”这是妈妈完全没有想到的，孩子竟然开始表达自己的想法了，主动要求和妈妈沟通，这是多么令人惊喜的转变啊！

家庭会议怎么开？

会前：定时间、地点、主题、参加人员。

会中：分工——主持人、记录员、计时员。

注意事项：

①解决问题，不要说教、控制、抱怨、指责；

②头脑风暴时不评论；

③不采用少数服从多数，必须全体通过；

④时间简短（10 ~ 30 分钟）。

议程：

①感谢；

②头脑风暴（提出、讨论解决问题的方案）；

③达成共识；

④公布。

会后：家庭欢乐时光。

家庭公约怎么建立？

①定下的规章制度，是家庭中的每个人都要做到的；

②确定人员分工和个人需要做到的事项。

家庭公约模板

<table>
<tr><td colspan="4">家庭愿景：家庭和睦，孩子健康成长</td></tr>
<tr><td colspan="4">共同约定：1. 爱我们的家，爱家里的每一位成员；
2. 尊老爱幼、诚实守信、礼貌待人；
3. 节约水电，讲卫生，不吃垃圾食品；
4. 多读书，少看电视和手机；
5. 每周组织一次户外家庭活动。</td></tr>
<tr><td></td><td>爸爸</td><td>妈妈</td><td>孩子</td></tr>
<tr><td>目标</td><td>1. 少玩手机，多陪孩子；
2. 每周做两次家务；
3. 不抽烟，不喝酒，不去娱乐场所。</td><td>1. 有耐心，不发脾气；
2. 辅导孩子学习；
3. 每周看两本书。</td><td>1. 每天晚上 11 点前完成作业；
2. 每天玩手机不超过半个小时；
3. 自己的事情自己做。</td></tr>
<tr><td>奖励</td><td>和朋友出去吃饭
……</td><td>周末休息，不做家务
……</td><td>买一个喜欢的玩具
……</td></tr>
<tr><td>惩罚</td><td>增加做家务的次数
……</td><td>一个月不买新衣服
……</td><td>减少玩手机的时间
……</td></tr>
<tr><td colspan="4">爸爸签字：
妈妈签字：
孩子签字：</td></tr>
</table>

第八章

什么样的孩子受欢迎？

1

抱怨老师是孩子成绩下滑的开始

我们做了大量的调查，发现孩子的成绩下滑多是从和老师关系不好开始的。通常，当孩子回家议论老师甚至抱怨老师的时候，孩子的成绩就开始下滑了。同样，我也问过很多老师：“您的班上有没有一些孩子和您的关系不好，但他们的成绩却很好吗？”大部分老师都说基本没有。只有一个从教 30 年的老师说，只有一个孩子。主要是这个孩子的父母也是老师，可以在家里自己教孩子。而且，最后这个孩子到大学问题也特别多，因为人际关系太差了。

孩子和老师的关系不好，一般与父母和老师的关系不好有关。我之前有个学生，她的数学成绩一直不好，后来调查发现这种情况是从小学开始的。有一次，小学数学老师把她的测试卷子改错了，导致她的名次下滑。她回家和爸爸说了这件事。爸爸因为爱女心切，就带孩子去找老师说理，现场还拍了老师的桌子。后来，这个孩子对老师的态度很傲慢，老师对孩子也失去了原有的关照。于是，她的数学成绩一落千丈，一直到高中都是如此。后来，听完我的课程，家长后悔莫及。有家长反问：“难道老师就都是对的吗？”我也反问道：“难道你的孩子到学校的目的是去改变老师的吗？老师不对是老师的水平问题，而我们不懂得尊重是我们的素质问题。”

今天的老师为什么和以前的老师不一样了？

几天前在上海和老同学见面，我们回忆了20多年前的初中学习生活，感慨那个时候，无论是调皮的孩子还是用功读书的孩子，同样都受过老师的恩惠。我这个同学也算是很调皮的孩子了，打架、冒犯老师、严重偏科、英语很差，但是英语老师放学后还把他带回自己家里。老师边做饭，边让他背英语单词，偶尔还留他在家里吃一顿，现在回忆起来都是满满的幸福。大家都感慨那个时候的老师那么有耐心，那么负责任。再看看现在的家长反馈，对老师的不满越来越多，说很多老师偏心、势利、缺乏责任心等，什么问题都有。问题到底出在哪里?

应该有以下原因：

（1）老师自身的幸福感在下降

人的幸福感其实不在于收入高低，而在于比较。春秋时期，管仲让士、农、工、商四个行业的人员各自分居一处，是让他们纵向比较，好维持社会稳定，也让从业者可以安心地做自己的本职工作。但是在互联网时代，由于打破了区域和时间的限制，人的横向比较太容易，所以幸福感就特别低。老师没有幸福感，就会导致他们缺乏敬业精神。而现在很多家长是20年前的学生，他们对老师的期望依然停留在当年对老师的期望上。

（2）教育是会体现阶层差异的

有钱并愿意投资的家庭，孩子更加容易出人头地；没有钱又不愿意投资的家庭，孩子起步就会比较晚。其实无数的社会故事都是这样，那些韩剧的故事情节都是给普通人看的，因为只有他们才相信灰姑娘的故事。如果你希望你的孩子优秀，就必须投资教育。物质财富是不能传承的，教育才是传承的最重要途径。教育是一件投资成效比较慢的事情，培养孩子 20 年才能看到成果。普通人有时候说的“学这么多有什么用”，潜台词是自己没有这个钱，其实不能说没钱，他们想的是，相较于其他投资，投资教育比较没用。普通人要想自己的孩子优秀，就必须舍得投资孩子的教育，这是跨越阶层的最重要途径。

（3）家庭教育会成为孩子未来的分水岭

有水平、情商高的家长一定会让孩子被老师重视。绝大部分老师在学校并不是看家长给的红包来决定对孩子的态度，而是看孩子的综合素质。我因为常和学校接触，也接触了许多老师，总的来讲绝大部分老师都是非常有责任心的，因为毕竟他面对的是孩子，不是急功近利的商场。

我去福建某个学校时，校长反映说：“一个孩子在学校参加运动时脚扭伤了，他老爸二话不说就把学校的铁门打破了。之后再也没有人敢教他的孩子了，只能敬而远之。这个孩子在学校还有人敢教育吗?至于那些动不动就抱怨学校的伙食差，更有甚者要换老师的家长，更加让老师伤心，即使有义务来教你的孩子，也难免会态度敷衍。”

我身边有很多工作很忙，根本没有时间管孩子，甚至也从来不给老师送礼物的家长，但是因为他们的态度好，懂得尊重老师，懂得培养孩子的行为习惯，所以他们的孩子的优秀程度超乎我们的想象，而且还特别谦虚。

家长与其去抱怨老师，不如提高自己的水平。即使你今天可以换掉这个老师，但你能换掉你遇到的所有不满意的老师吗?你的孩子上班后也要天天去埋怨老板吗?就好比孩子学打球，如果不提高孩子的球技，天天换球场、换教练，孩子也不会在球赛里出人头地的。

做老师和孩子之间的“媒婆”

在农村，经常有媒婆帮助男方和女方说媒。如何保证说媒的成功率呢?最核心的方法是让男方和女方先互相欣赏:

到男方家说女方的优点，比如贤惠、温柔等品质；到女方家说男方的优点，比如能干、孝顺、有责任心。这样，双方见面的时候可能会互相欣赏，并碰撞出火花，从而步入婚姻的殿堂。一旦夫妻俩吵架，这个媒婆可能还会出现。其实解决问题的方法很简单，就是再次让夫妻双方看到彼此的优点，让两人对婚姻充满信心，才可能最终成就一段圆满的婚姻。

从媒婆的故事，我们悟出了人与人之间相处的精髓就是彼此欣赏。孩子跟老师之间也同样如此，每个人的性格都不一样，时间久了，难免会互相挑剔。当孩子抱怨老师的时候，充满智慧的父母需要把孩子的注意力放到老师的优点上。当老师对孩子有情绪的时候，充满智慧的父母也同样需要把老师的注意力放到孩子的优点上，这样孩子才会得到信任的力量。

替孩子挡枪，不落井下石

如果你是公司的管理者，当你的下属犯错误的时候，你的上级领导批评你的部门，你该怎么办？一种选择是，当着领导的面，把你的下属骂一顿，把责任全部推给他。这样尽管你没有了责任，但是你的团队也失去了凝聚力和战斗力。另一种选择是，当着领导的面，自己把责任担下来，让你的下属有安全感，之后你的下属才会与你共奋斗、同进退，荣辱与共。

孩子的情况也同样如此，老师批评孩子的时候，会出现这样两种家长：一种是和老师一起批评孩子，落井下石，孩子感受到的是被孤立；另一种是在老师面前把所有的责任都担下来。回家之后，孩子的内心会非常愧疚，从而发自内心地觉得自己要改变。所以，父母有时要替孩子“挡枪”，让孩子有安全感，这样家长才有机会去教育、影响孩子。

我有一个学员，以前经常对孩子落井下石。孩子在学校各种各样的问题愈演愈烈，甚至逃学、上网、打架等。当这位家长来到我这里学习之后，她决定要改变以前的教育方式。有一次，她被校长叫去，她给校长深深地鞠了一躬，说：“是我这个妈妈太没有智慧了，其实我的孩子从小到大都是一个有责任心的孩子。”当时听到这句话，孩子莫名其妙，不知道妈妈葫芦里卖的是什么药。后来，孩子再一次在学校惹事，妈妈又被校长叫到了办公室。妈妈还是告诉校长，都是自己的错，缺乏教育智慧，造成了孩子今天的局面。孩子感受到妈妈的真诚，内心开始有一点点愧疚。

在回家的路上，妈妈没有批评孩子，却对孩子讲：“妈妈相信你！”孩子的内心进行了深刻的反思。当这位妈妈第三次被校长叫去办公室的时候，孩子就跟妈妈说：“妈妈，我这辈子再也不给你丢脸了。”后来，这个孩子的成绩直线上升，成为学校进步最快的孩子。这位妈妈用自己平和的情绪，用自己信任的力量，让孩子从叛逆到自主，彻底改变了孩子的人生。

2

与其到处送礼，不如培养孩子做到这一点

我在暑假夏令营的时候，很多父母会跟我打招呼，让我在活动中多关照他们的孩子。刚开始，我没有太在意，但是这样的事情多了之后，我就真的多关照了一下。我惊讶地发现，大凡是父母打过招呼的，孩子的表现都非常差，尤其是没有好的态度。这件事情引起了我的反思。父母过多的关注，给了孩子太多安全感，孩子就以为别人帮助他是应该的，他的内心就失去了主动性。有个孩子很骄傲地

说："校长是我爸爸的朋友。"当他的态度傲慢的时候，就没有人能够帮助他了。所以，父母在教育孩子的时候，不能给孩子太多的安全感，而应该培养孩子心中的敬畏感。

每一个家庭就好比一个生产产品的工厂，产品的品质是不一样的：有的工厂的产品供不应求，订单不断；有的工厂的产品却卖不出去，老板天天找销路，到处求人攀关系，即使偶尔签订了几个大单，最后还是很难维持生意。家庭这个工厂也同样如此，有的孩子非常抢手，很多学校愿意接收这样优秀的学生，但是有的孩子，家里想花钱让他入校，学校也不收。我们与其天天到外面去求人，不如认真思考：该如何培养优秀的孩子，让全世界的好学校都抢着要？

某年，浙江省的高考状元还没填报志愿，清华大学就已经和他的父母达成了共识，安排了他在清华的发展方向。清华大学的招生老师来状元家的第二天早上 7 点，北京大学的招生老师也跑到状元家门口，列出状元在北大的发展计划。尽管让一个孩子抉择去清华还是北大会面临一些困惑，但是这种困惑是喜悦的。那么，如何培养优秀的孩子呢?那就要培养孩子非常重要的一个品质——主动。

我有个北京的学员，他们夫妻俩都是政府的高官，但他们从来没有依靠过关系，孩子在学校非常尊敬老师，做事也非常主动。有一次，他们夫妻俩请学校的三位老师吃饭。吃饭期间，一家人站到桌子的对面，给三位老师深深地鞠了三次躬。老师给了这个孩子很多机会，不是靠他父母的关系，而是因为他非常主动地学习，并且是个态度端正、尊重老师的孩子。

我身边有个非常有智慧的母亲，她是做媒体出身的，也是个有名的记者，但她没有给孩子搭建任何的关系网。孩子也是新闻专业毕业的，她托妈妈帮她找个单位实习，妈妈却说:“我没有任何关系。”最后，孩子通过自己的努力，找到了一个香港的媒体。三年之后，孩子被评为全国的“十佳记者”。后来，妈妈去孩子的工作单位探亲，孩子的一位领导一看，惊讶地说:“哎呀，是你呀!这是你女儿吗?”所有领导都不知道，原来这个女孩子是这位优秀妈妈的女儿。妈妈竟然跟这位领导说:“如果我的孩子水平不够，你们千万不要给她这个荣誉，因为荣誉给得太多、太早，孩子是承受不住的，她优秀的潜力将来就没有办法发挥了。”

反观很多其他父母，不懂得培养孩子自身的品质，天天找各种关系，让孩子不费吹灰之力就可以轻易获得很多。表面上看，孩子越来越优秀，背后却是孩子自身的水平在不断地下降，也有着巨大的隐患。所以，各位家长，如果你也犯过这样的错误，请把主动权还给孩子，因为你终究和你的孩子是两代人，你孩子的未来还是要靠他自己的。

3

为什么有的高考状元后来没有大成就？

网上经常会出现各种各样关于中国高考状元如何没有成就的帖子，似乎要证明读书没有用，其中有很多言论表达得非常极端。这些成绩好的孩子身上确实存在很多社会上缺乏的优秀品质，不过学习成绩优秀和取得社会成就不是同一套评判标准。以下是我们研究院做的调查：世界上的大企业选拔优秀人才的标准到底是什么？

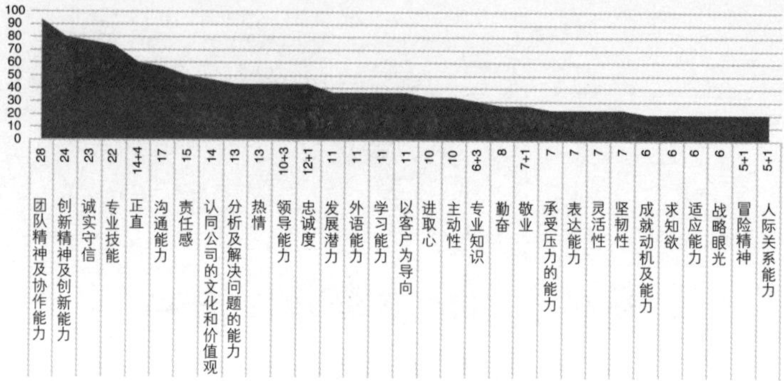

企业优秀人才选拔标准

根据上面的图表可以看出，世界上的一些大企业的人才选拔标准，排在第一位的品质就是团队精神及协作能力。中国的孩子最缺乏的就是这方面，因为中国的高考是以个人的成绩来决定胜负的。越是成绩好的孩子，越需要打败别人，让自己成为佼佼者。很多学霸到社会上也有同样的心态，他们看到任何优秀的人，首先想的不是跟他合作，而是要打败他。这导致他聚不来优秀的人才，很难组建一个非常有战斗力的团队，他只能靠单打独斗，因此最终很难取得大的成就。

到底什么是团队精神？为什么别人会愿意跟随你的孩子？总结成一句话就是，让别人有便宜可占。表面上看，这样的孩子很傻，到哪里都被人占便宜，但实际上他们特别受欢迎。而很多父母的培养方式却反过来了，他们培养孩子到处占别人的便宜，处处据理力争。表面上看，孩子显得很厉害，实际上他却赢了道理，输了人心，人际关系会变得越来越差。这导致孩子以后在任何环境中都得不到认可，缺乏归属感，情绪波动很大，从而影响他的学习和工作，很难取得大的成就。那么，我们如何将我们的孩子培养得受人欢迎、受人尊重，甚至让人追随呢?

让同学欢迎：学会付出，学会给予。有孩子说：“我能给什么呢？难道让我给钱吗？”其实给予的本质不是金钱，只要做到以下四点，你就会非常受人欢迎。

◎笑一笑：面带微笑，本质是看到别人的优点。

◎点一点：表示对别人认同，不是盲目地相信别人是对的，而是体现对别人的尊重。

◎竖一竖：大拇指竖向别人，尤其是在别人被嘲笑、被冷落的时候。

◎夸一夸：学会欣赏别人的优点，并且说出

来。有个同学认为这是拍马屁，我就把他叫上来示范说："现在你是领导，有一个和你对着干的人，还有一个很会配合你做事的人，请问谁先被提拔？"他说先提拔那个愿意配合的人。即使很多人总是不喜欢欣赏别人，但等他选拔人的时候还是会不自觉地去选择欣赏自己的人。

让同学尊重：要以身作则。我们身边到处都是做事半途而废并找出一大堆理由的人，若我们做事坚持到底、以身作则，就能脱颖而出，从而赢得别人的尊重，尽管这份尊重别人不一定经常说出口。就像我当年在浙江大学读书的时候，我们一群同学表面上经常说清华大学没什么了不起，但是内心对清华大学还是非常向往的。所以，当你优秀的时候，别人对你的尊重可能是以诋毁你的方式出现的，请理解这种方式并微笑接受。

让同学追随：就是不光要让自己优秀，还要让别人"占便宜"。一个人在读书的时候做事有人支持，到了社会上也会有人支持，做什么事都有坚定的拥护者。一位记者问李嘉诚先生："你为什么能赚那么多钱？"李嘉诚说："因为大家把赚钱的生意给我来做。"记者又追问："那为什么别人把明明赚钱的生意给你做呢？"李嘉诚说："因为我会让他们多分一点儿。"

孩子品质的培养体现了父母的智慧。有一个孩子把橡皮借给同学，被同学弄丢了，放学回家后，妈妈很生气地说："以后管好你自己的东西。"从此，孩子变得越来越小气。另一个孩子出门的时候，妈妈在他的口袋里塞了很多糖果。孩子说："妈妈，这个我不爱吃。"妈妈说："这是分给你们班同学吃的。"从此，这个孩子的心中越来越有别人。

两个不同的例子，父母不同的培养方式，也决定了孩子不同的人生格局。有的孩子到了社会上做什么事都有人支持，很容易成功；有的孩子到了社会上，做什么事都很艰难。这背后也体现了父母的水平。希望天下的父母，在孩子还小的时候就用正确的方式培养孩子。这也许会让他在社会上少奋斗很多年就可以获得很大的成就，拥有幸福的人生。

第九章

主动人生成大器

1

从恶性循环到良性循环的转变

大家也许会发现，坐车的人很容易晕车，但是开车的司机好像从来不晕车，为什么？从心理学角度来讲，主要在于开车有很强的控制感，而坐车的人处于被控制状态。坐车的人不知道司机什么时候会加速、刹车、拐弯，这种担忧和恐慌唤起了他潜在的焦虑和无助，让他产生了各种晕车反应。而开车的人则有一种主动和掌控的感觉，他能够提前预见哪里会上坡，哪里会刹车，这能给他带来开车的愉悦感。同样，我们发现，写字楼里的装修工人用钻头打孔发出的刺耳声音，让我们觉得非常烦躁，而工人自己却没有任何烦躁的表现，其中的道理同样是是否拥有掌控权。

孩子面对读书，也同样如此。有的孩子学习非常被动，课前从来不预习，上课要等老师教，又听不太懂，写作业还非常辛苦，晚上又熬夜，第二天还被老师批评。然后新的内容又听不懂，考试成绩不太好，于是孩子内心的负担就越来越重，进入一种被学习拖着走的状态。这种状态对孩子来说完全是失控的，孩子最后一定会非常厌恶学习；如果反过来，孩子课前主动预习，上课时捕捉重点和难点，回家做作业又很轻松，还有充足的时间可以学习其他内容，又经常获得老师的肯定，考试考得非常好，孩子就会更加喜欢学习。学习完全处于掌控状态，孩子的信心就会大增，最后成为学霸。

所以，学霸有一个共同的特点，那就是他们有强烈的控制感。让孩子从普通的学生变成学霸，就是让他们从被动学习变成主动学习。那该如何做呢？以下有三点建议：

第一，让孩子养成自学和预习的习惯。如果第二天老师讲的内容都在他的意料之中，第二天他就能很容易跟上老师的讲课思路，那些不懂的问题也能及时得到解决。这种学习状态，孩子完全有掌控感。但若今天老师讲的内容孩子没搞明白，第二天上课，老师讲的什么他也不知道，他的内心就会有不安感，这种恐惧感会给他的学习带来巨大的压力。

第二，让孩子自己来制订学习计划和时间。比如，一家人准备出去游玩，需要做个旅游计划，要跟孩子一起商讨，并把这趟旅游的总负责权交给孩子，然后给他一千元钱，让他自己来决定怎么花钱。这时候，孩子的积极性和责任心跟平时完全不一样，因为他有掌控感。

第三，把本来是由你说了算的事情，让孩子说了算。比如，孩子放学回到家，你问孩子："你是选择先高效地写完作业，然后留下足够的剩余时间，晚上能睡个好觉，第二天老师还表扬你作业写得认真呢，还是选择回家先玩，然后晚上很晚才做完作业，做得还很辛苦，第二天老师还批评你作业不认真呢？你喜欢哪一个结果？"孩子说喜欢第一个。这时候，父母说："就按你说的办。"但是，现在很多父母担心孩子不做作业，于是就很急切地要求孩子去做。这样孩子很被动，感觉非常不好，没有对学习的掌控感，就会对学习产生抵触情绪。

主动也决定孩子未来是穷人还是富人

著名作家万维钢研究过穷人和富人的人脉结构，他发现穷人之所以贫穷，是因为他们所有的关系都是强关系，比如亲戚、同学、同事，而熟悉的圈子大多跟他们的水平差不多，一成不变的生活让他们很难改变社会地位。而富人之所以富有，是因为他们除了有很多强关系以外，还有很多弱关系。这个弱关系不是因为血缘、同学等带来的关系，而是自己在后天主动积累的人脉关系。而这种关系的多少，在很大程度上决定了他们的社会层次。

我对此感受也非常深刻，回首几十年的人生，我的大部分同学都处在很强的关系里，永远离不开自己的行业。而我从离开学校开始，就已脱离了自己的强关系圈的影响。这么多年来，我的社会层次的变化，以及对未来有更大的发展期许，都来自我有很多社会弱关系。同时，我还具备建立弱关系的能力，这让我可以站在社会更高的维度来看待整个社会的发展，可以自如地选择我的人生发展方向。

当我站在各大舞台上去讲家庭教育的时候，很少有人会想到，我当年上大学时读的专业是土木工程。更加没有人会想到的是，我在社会上做过几十份工作，包括最底层的业务员，带领过团队，做过管理工作，后来又开始深入

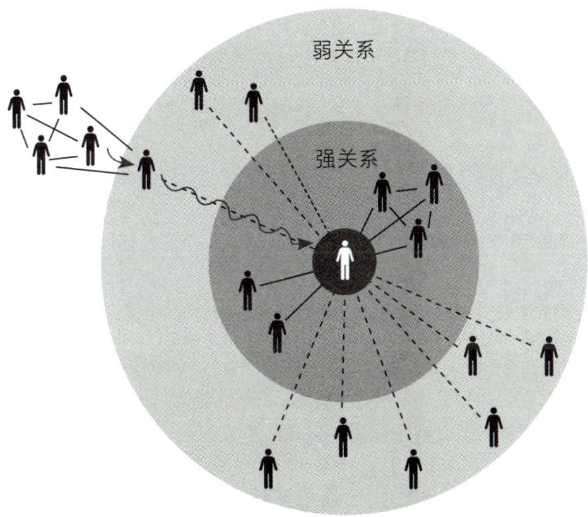

强关系和弱关系示意图

地研究教育。这种跨专业、跨领域的发展源自我有很多弱关系，这些关系对我的影响非常大。那么，如何获得很多弱关系呢？其实就是要培养主动性。我们发现，主动性竟然也能决定一个人的社会层次。

在培养孩子的时候，我特别在意培养他们的主动性。在我们的线下活动现场，每个孩子上舞台，都是自己冲上来的。从孩子跟我们接触的那一刻开始，我们就努力营造各种让孩子主动的机会。时间久了，孩子就慢慢养成了主动的能力，在学校遇到不懂的问题时，就会主动找同学或老师帮忙。一旦有了这样的能力，孩子一定会成为品学兼优的学生。孩子将来到了社会上，他的发展空间也会非常大。

我在听任何一场演讲的时候，只要台上的讲师讲得很精彩，演讲结束之后，我都会去找他，并且建立人际关系，因为他研究的领域可能是我所缺乏的。我需要借助他多年的资深研究让自己进步，这会帮我节省大量的研究时间。所以，我们应该培养孩子的主动性，这种主动性会让孩子受益终身。

2

从普通学生到学霸，核心因素竟然不是勤奋？

一座山，什么样的人能够爬到顶峰？是身体强壮的人还是很努力的人？虽然这些都是很重要的因素，却不是核心因素，最核心的因素是有必胜的信念，也可以理解为不达目标誓不罢休的精神，总结为三个字就是：抗挫力。人与人拼到最后就是比谁跌倒了还能爬起来，就如弹簧在承受巨大压力后，是否能够继续反弹起来。

为什么有的孩子百折不挠，而有的孩子遇到困难就放弃？其实就是看遇到困难时他大脑里的想法。如果他的想法是相信自己行，他就会站起来；如果他满脑子都是自己不行的想法，他就会放弃，成为弱者。

如何让孩子的大脑里充满“自己行”的想法呢？也就是在遇到困难的时候，孩子获得的是克服困难最后战胜自己的感觉。这样当孩子再遇到困难的时候，就能强大起来。有智慧的父母在教育孩子的时候会想尽办法，让孩子在某些情况下遇到困难，并且让他坚持下来，让他相信自己是可以的。

我在夏令营带孩子的时候，要做的也是这样的事情。如果带孩子旅游，所见到的景色，孩子很快就会忘记，但是如果让孩子经历挑战，最后战胜自己而成为强者，这种感觉他永远不会忘记。很多父母反馈，孩子跟我们参加活动回去以后变得很勇敢，主要就是这个原因。

记得有一年在沙漠里，我们做了一个 15 公里的徒步计划，需要步行四个小时，里面最小的孩子可能只有八九岁，对他来说挑战非常大。但这种挑战一旦自己经历过，并且战胜了自己，将是这些孩子最宝贵的财富。所以，我们从活动前给孩子制订规划和团队规则，到活动中给孩子打气、树榜样，再到活动的最后给孩子激励，以确保每个孩子都能战胜自己。

当时，有一个孩子中暑了，救援团队立即商量是不是要用车辆把他送回去，在确保生命安全的情况下，最后大家选择扶着他走回营地。到营地之后，尽管他很疲惫，但他依然露出了灿烂的笑容。反之，为什么很多孩子内心很脆弱？因为他们的父母经常在关键时刻心软，让孩子选择了放弃，又记住了一次失败。而这样的孩子终究会变成平庸的孩子。我们不能永远陪伴孩子，但我们可以送给孩子一份宝贵的礼物，那就是让他觉得自己行，从而变成强者。

第十章

高效学习

1

学霸都学得很轻松？你的孩子可能被误导了

孩子平时看到班级里的学霸，会觉得他们似乎学得都非常轻松，在学校里不怎么看书，课间也是玩一玩，甚至电子游戏还打得非常好。于是，孩子就跑回家跟父母说：“我们班学霸说了，做这么多练习题没用，不做也能考得好。而且，他还说打游戏能锻炼人的记忆力和反应能力。”殊不知，孩子有可能被误导了。

很多成绩好的学生想证明自己的成绩好是因为天生聪

明，而不是因为勤奋，所以故意以非常放松的方式显示给别人看。就像我们看的动画片《灌篮高手》里的樱木花道，他每天放学回家都拼命地练习打篮球，但他在学校里平时都显得没精打采的，给人混日子的感觉。有人问他为什么回家拼命练习，他的回答大意是，因为他希望别人以为他是天才，希望别人都说“樱木花道真是厉害，平时从来不练习，投篮都投得这么好看，真不愧是天才”。当别人相信了他的说法时，就会因为缺乏自信而在他面前溃败下来。

《孙子兵法》里讲，不使用兵刃就让对方溃败的战术叫“不战而屈人之兵”。几年前，优步和滴滴大战的时候，也经常放烟幕弹：有说优步可以用手机叫到天上的直升机的，有说可以叫到水上的邮轮的，还有传言说优步在中国的每个城市只有两三个工作人员……这让大家觉得优步的运营效率和运营水平非常高，但实际上，优步的人在后来的采访中说，优步在每个城市的工作人员大概有好几百人。但是，优步之所以让人这么传，其实是想让大家觉得优步非常神奇，让对手心生惧意，这也是不战而屈人之兵。

又如，每个朝代打江山的皇帝让别人跟着他揭竿而起的时候，经常会鼓动别人：王侯将相宁有种乎？但是，当他们当了皇帝之后，一般都会改写自己的出身，然后再描述他们当年出生时的异象，比如水里有龙腾空而起，来证明自己这个皇帝就是“天子”。把出身普通的自己神化，让别人觉得君权是神授的，他们当皇帝是上天注定的。最后等江山坐稳的时候，就没有敢反抗他们的人了。

同样的道理，很多成绩好的学生在班级里是竞争关系，所以很多学霸会经常掩盖自己非常勤奋和刻苦的行为，也同样希望能够达到不战而屈人之兵的效果。很少有哪个学生拼命解释自己是非常勤奋的，他们故意说自己学得很轻松。另外，在很多学生心里，说他勤奋就是说他脑袋不够聪明，只能靠拼命努力，才能成为学霸，这一点儿都不酷。因此，学霸都更希望别人说他是有天赋的。

2

你的孩子和学霸的差距在哪里？

有一个人问得道高僧："请问大师，我怎么才能成功呢？"大师只跟他说了一句话："成功等于开始加上坚持！"

以前在学校认识了一个日本留学生，他来中国的时间不长，虽然可以进行简单的日常对话，但还是希望能够有人指导他进一步提高，于是他就找中国学生给他上课。上课的内容很简单，就是陪他逛街、逛市场。他总是随身带着笔和本子，把看到的所有东西都认认真真地记在本子上，记拼写，也记发音。别人问他：“不烦吗？”他说：“是有些枯燥，但是在不断进步，很高兴。”这个方法他一直坚持，半年后，他混在中国学生中一起玩，旁人已经听不出他是外国人了。

其实，这个日本留学生已经掌握了成功做事的方法和节奏，那就是开始 + 坚持！“不开始”是很多人做不成事的原因，也就是我们常说的“拖延症”。明明想做一件事，却迟迟不开始，给自己找各种借口：天气不好，心情不佳，状态不对，动力不足……这些是最常用的理由。归根结底，是有一根懒骨头。“动起来”，是成功做事最起码的前提。就像谚语说的：“你要想彩票中奖，怎么都要先买张彩票吧。”

开始之后，就是坚持，坚持也可以认为是重复的次数。人的惰性是最难打败的恶魔，如果说“开始”我们尚且能凭着三分热度高歌猛进，那么“坚持”则要完全凭借细水长流的恒心。有时候，坚持和放弃就在一念之间。所以，成功和失败，实则就在于那一念之差。无论是多么有趣的一件事情，当重复的次数多了，就会索然无味，慢慢地就厌倦了。学习知识就是重复的过程，可是“学习”这件事，不是孩子厌倦了就可以不再做了。因为放弃了，也就意味着失败了。

有的家长可能认为那些一心一意扑在学习上的孩子很可怜，他们没有别的娱乐，没有别的特长，他们以后能在这个弱肉强食的社会上得以生存吗？可是你要知道，能坚持重复做一件事本身就是一种难能可贵的品质。这种人在以后无论做什么事，都会成功，因为他们有信念、专一，且持久。一件事你重复十遍不成功，于是你放弃了。可是你有没有想过，如果重复一百遍、一千遍呢？结果会是一样的吗？

有人说世界上最聪明的人是犹太人，可犹太人的成功靠的不是先天的聪明。犹太法典《塔木德》中说：“只要把一本书念 100 遍，你就有能力读懂世界上的任何一本书。”且“念 101 遍肯定比念 100 遍要好”。大多数犹太小孩儿在 12 岁时把相当于《三国演义》那么厚的《旧约全书》读上百遍。所谓“熟读唐诗三百首，不会作诗也会吟”。有一篇文章介绍，在我国，把像《三国演义》那么厚的一部书读上百遍的人很少，大概只有三个人：一位是巴金，把《古文观止》读了上百遍；一位是茅盾，把《红楼梦》读了上百遍；再一位是苏步青，童年放牛时把邻居家一部残缺不全的《三国演义》读了上百遍。于是，有人总结说，在中国，凡是把一本书读了上百遍的人，没有一个不成大器的。犹太人也许就是人人把一本书读了上百遍，因而几乎人人都能成大器。

判断一个学生会不会学习，一是看他有没有达到200个小时的朗读积累，二是看他有没有达到2000个小时的阅读积累。国外有一个“一万小时定律”，其核心内容是任何一项世界级的才能都需要进行至少一万个小时的训练。这里说的就是重复的力量。

所以，你的孩子跟学霸的差距，就在于重复的次数！学霸之所以能成为学霸，就是重复的次数足够多，而你的孩子遇到点儿困难和辛苦就放弃了！

3

孩子不是记不住，而是没用心

经常有家长反映：孩子背单词、背课文总是记不住，他的记忆力太差了，今天背了，明天考试又忘了，真的太痛苦了！

真的是因为孩子的记忆力差吗？其实不是！

人的大脑对知识的记忆，其实分为“记”和“忆”两个过程。记的过程是信息的输入，而忆的过程是信息的重现和输出。如果想达成良好的“记”的效果，就要对信息进行合理加工、构造、联想。有了这些程序之后，记会变得更加形象、立体和可理解，从而达到长期记忆的效果。回忆以往记住的东西，是信息的输出和应用，这需要多次重复，形成大脑皮层的快速投影和输出。所以，如果只注重“记”的过程的信息加工，而忽略了回忆过程的重复，那么记忆的效果会大打折扣！输入的信息在经过“忆”的过程后，便成了人的短时记忆，但是如果不及时复习，这些记住的东西就会被遗忘。反之，这些短时记忆就会成为一种长时记忆，从而在大脑中保存很长时间。

我们可以得出这样的结论：我们既要把单词、课文熟练地记住，又要将单词、课文快速地忆出。而从记到忆，我们能做的就是重复、重复、再重复，直到变成本能反应。所以，孩子不是记不住，根本原因还是没有用心记。

然而，人脑不是电脑，记了会忘是正常的。或者说，记了之后忆不出来也是正常的。既然我们已经知道了重复的重要性，接下来就应该想想，有什么更为科学的复习和重复的方法呢？

德国实验心理学家，也是最早采用实验方法研究人类高级心理过程的心理学家艾宾浩斯，对记忆的保持规律做了重要研究，并绘制出了著名的艾宾浩斯遗忘曲线。这条曲线告诉人们，在学习时的遗忘是有规律的，遗忘的进程不是均衡的，不是固定的一天忘记一些，转天再忘记一些的，而是在记忆的最初阶段遗忘的速度很快，后来就逐渐减慢了。到了相当长的时间后，几乎就不再遗忘了。这就是遗忘的发展规律，即“先快后慢”的原则。

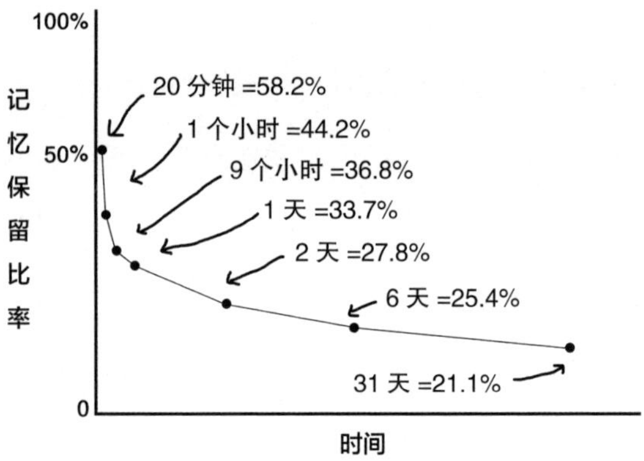

艾宾浩斯遗忘曲线

观察这条遗忘曲线，你会发现，如果你刚记住一首诗，此时你对这首诗的记忆量是 100%。20 分钟之后，这首诗你只记住了 58.2%，有 41.8% 的内容你已经遗忘了。1 个小时后，只剩下 44.2% 了。9 个小时后，记忆量只剩 36.8%。

1 天后，剩下 33.7%。2 天后，只剩 27.8%。6 天后，只剩 25.4%。1 个月后，剩下 21.1%。

那么，如何根据艾宾浩斯的记忆规律进行复习才能达到最佳的记忆效果呢？具体的方法是，在学习某种知识的过程中，采用学习、复习、再学习、再复习的方法。根据记忆曲线，艾宾浩斯确定了八个复习点，分为八个记忆周期。也就是说，背单词时，分别间隔 5 分钟、30 分钟、12 个小时、1 天、2 天、4 天、7 天、15 天进行复习，可以最大限度地提高背单词的效率，记忆也会更加牢固。

附录

扶鹰家庭成长故事集

从梦想当黑社会老大到成为“985”大学创业精英

——陈泽昊

我叫陈泽昊，目前就读于中南财经政法大学，并成立了自己的公司，带领着一百多人的创业团队。现在的我每一天都过得充实而有意义，美好的人生和事业画卷正在缓缓展开。但是回想三年前的我，却过着截然不同的生活。当时，我带着学校一百多人打群架，我就是学校的“黑社会老大”，觉得自己特别酷。每天带着“手下”的弟兄们逃学、去网吧、溜冰……就是不学习，觉得学习是世界上最没用的事情。校长几次找到我妈妈，劝我退学。我妈妈每次都低声下气地求校长再给我一次机会，可当时的我根本不领情，退学就退学，正好我不想读了。

一次偶然的机会，我妈妈看到王金海老师要在我们当地开一天的课程，抱着试试看的心态，妈妈拉着我一起去听。上半场，我的内心是抵触的，心想：看你能讲出什么来。可是听着听着，我就觉得好像有什么在触动我的内心，我不由自主地从最后一排走到了第一排，金海老师的话让我醍醐灌顶、如梦初醒。

讲座结束后，当天晚上，我就跪在妈妈面前，求她再给我一次机会，我保证从今天开始好好学习。接下来的每一天，我都拼命地学。整个高二、高三两年寒暑假我都没有回家，就在学校宿舍疯狂地学习。我也不要我的面子了，求着老师给我补课。

回想那段时光，真的很艰难，但是很庆幸在我觉醒的时候我还年轻。

我的前半生，我要感谢两个人：一个是我的妈妈，她始终没有放弃我；一个是金海老师，他把我从“黑社会老大”的泥潭中拖了出来。现在的我，阳光自信，我相信未来我一定会成就一番大事业，让生命熠熠生辉！

从疯狂沉迷游戏到考上著名国际高中

——赵昌隆

我叫赵昌隆，曾经是一个叛逆少年，疯狂沉迷于网络游戏。我和父亲的关系也非常差，三天两头吵架。有一次，因为父亲在我打游戏的时候直接拔掉了我电脑的插头，我就和他打了起来，还闹到了公安局。在我几近疯狂，完全控制不了自己打游戏的行为时，我父亲找到了扶鹰，找到了王老师。

父亲一次次带我去参加扶鹰举办的活动，动力营、大漠炼金等，我重新点燃了自己的梦想，找到了自我价值。几经波折，不懈努力，我终于考上了光华浦东国际学院，即将出国学习。

目前，我的学习成绩一直保持在班级前三名。我还自学摄影、舞蹈、吉他，多次在校级比赛中获奖。此外，我还自学了 Unity3D 编程，制作电脑游戏，不再是游戏的奴隶，而是成为掌控游戏的主人。现在，只要扶鹰举办活动，我就作为助教来带领更小的孩子，把我的成长故事分享给他们，希望可以鼓励到他们。相比之前浑浑噩噩打游戏的日子，我现在的每一天都充满斗志，我要出国学习我喜欢的专业，实现我的人生价值。

从盲目自大到自主自律

——孙铭程

我叫孙铭程，今年 15 岁，读初二。我觉得我以前都是瞎自信，没什么能力却总是自我感觉良好。比如，每次考试只要考到班级的中游就会沾沾自喜，总爱和成绩不如我的人比较。我那个时候没什么目标，对学习没有很强的动力，不觉得学习是一件很重要的事情。

在扶鹰学习之后，我给自己制定了目标，每次朝着自己的目标去努力就可以了。这其实让我轻松了很多，因为扶鹰让我的爸妈在我考砸之后，不再骂我，而是安慰我。刚开始我超级不习惯，后来就会觉得很惭愧，对不起他们，就想尽量考好一点儿。扶鹰也有很多我喜欢的游戏，其中

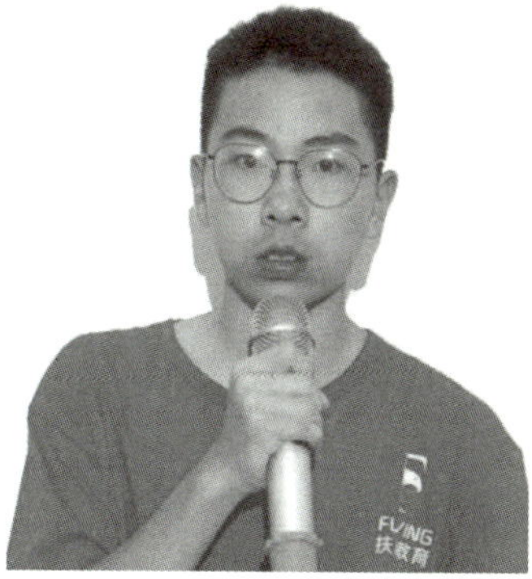

很多游戏不是以个人为单位的，而是以集体为单位的，这让我学会了理解他人、感同身受，也让我认识到每个人其实都是有责任的，不能只为自己而活着。

其实，我的改变很大程度上也得益于我妈妈的改变。以前，我父母总是吵架，我妈妈爱挑剔、爱抱怨，总说我爸爸没有责任心，是个没用的男人，我完全感受不到家庭的温暖。后来，我妈妈去扶鹰学习之后，不仅对我的态度改变了，对我爸爸的态度也改变了，说话温柔了很多，还学会了夸奖和感谢我爸爸。

现在，我们三个人在一起的活动增加了很多，家里充满了欢声笑语，氛围很好。父母也经常在学习上鼓励我，我反而变得很自律，学习上完全不用他们操心。妈妈常说的一句话就是："我们家孙铭程真的很自觉，我好轻松啊。"

家庭教育是值得我奉献后半生的事业

——向杰

我叫向杰，是瑞安市政协委员、老年大学原副校长，在外面深受别人的尊重，但是在家里，我却不知道该如何教育儿子。我的儿子 10 岁，写作业经常要爸爸妈妈帮助，不自信，有些压抑，经常和妈妈吵架，胆小，不敢一个人睡觉，上学要人送……另外，我和妻子也经常有矛盾。人到中年，也迷茫后半生应该做一件什么事情才有意义，不虚度此生。

听过王金海老师的课程之后，在教育孩子方面我不再困惑，在不断学习和实践中，我掌握了一定的理论和方法。

在王老师的指引下，我逐渐成为一名亲子讲师，在瑞

安地区开展家庭教育讲座，帮助了许多家庭和孩子改变。2017 年 10 月，我毅然决然地辞掉了公务员的工作，全身心地投入到家庭教育事业中来。因此，我的家庭很受益，我的儿子自从参加了扶鹰举办的各项活动之后，学习找到了动力，变得勇敢、独立了，分析问题的能力变强了，对爸爸的感情更深，对妈妈更理解了。

在我们不在的时候，他可以一个人在家睡觉，自己做早餐，自己上学，自己回家，周末自己乘公交车去学象棋和机器人课程，作业独立完成，时间自己安排，在学校乐于帮助老师和同学，积极乐观又上进。儿子简直成了我最欣赏的人之一。

在夫妻相处上，我们也能更加包容对方，用最恰当的方式相处，更加关心对方了，感情甚至超过了恋爱时期，全家幸福、美满。

我深感，家庭教育是一个值得人奉献终生的事业。未来的日子，我会用自己的力量去帮助更多家庭获益。

十年家庭主妇到金牌讲师

——童悦

我叫童悦，有一个女儿和一个儿子。

过去的十年里，我相夫教子，洗衣、做饭，把家人照顾得很好，自认为把两个孩子也培养得很优秀：我的女儿在全国很多大型舞蹈比赛中屡屡获奖；我的儿子虽然个子小，但智商高，各方面表现都很优秀。但是，在这十年里，我都是为老公、为孩子活着，好像并没有为我自己活着。我每天的生活一成不变，没有成长，也渐渐跟不上我孩子的思想。我不知道如果再这样下去，我的家庭会变成什么样。

是王金海老师发现了我身上的潜能，他告诉我："如果你还在家里待着，不仅浪费了你的才能，而且你也引领不了你的孩子。"他的话让我开始反思过往的生活，回想起年轻时那个有激情、有梦想的自己。十年来，我第一次走出家庭，不断地去学习，提升自己，逐步成长为讲师，还在温州开设了自己的家庭教育工作室。现在，每一个见到我的人都说："你的气质跟以前完全不同了。"原来，我也可以站上讲台获得无数掌声，我也可以帮助几千个家庭走上幸福的道路。我觉得这才是我的人生，有价值的人生。我用我的行为让两个孩子以我为荣，让我的老公对我刮目相看。这一切得益于扶鹰，得益于王老师的引导，万分感恩！

从焦虑无助到能量满满

——吴银铃

我叫吴银玲，曾经是一个非常焦虑、无助的妈妈，对生活有各种不满和无奈。我的儿子 11 岁了，随着他一天天长大，他在我不断的唠叨和指责中变得越来越叛逆，与我也越来越疏远。对于老公，我也是各种埋怨，埋怨他不顾家，经常出差，也不打电话回来问候，与孩子沟通太少，从而造成孩子的不自信和不合群，但我从来没想过自己的问题。

在家里，我们夫妻俩会两天一小吵，三天一大吵。我对老公的感情也一天天淡漠了。曾经，我经常会与他冷战，甚至把他的联系方式屏蔽了两年。我觉得自己为了这个家付出了这么多，孩子根本无法感受到我的爱，老公也不能

体谅我的辛苦，让我特别难受和无助。

学校去年邀请王老师做了一场公益讲座，我非常有幸地抢到了一个名额。那次的讲座让我收获很大，触动很深。后来，只要扶鹰举办活动，我都会申请当志愿者。经过不断学习，我慢慢意识到“一切的根源都在于我自己”。所以，每次学习回来之后，我都会向我老公检讨自己以往做得不对的地方。

刚开始，老公总会说“看你能坚持多久”，但时间久了，他真的能够真真切切地体会到我的改变，就不再向我泼冷水了。而且，每次出去学习完之后，我一定会跟老公分享我的感受和体会。平时我也会经常将我所学的育儿知识用到实践中，并经常写育儿心得，还转发一份给他。久而久之，在我潜移默化的影响下，他开始慢慢地改变他的一些教育理念和方式。同时，他也意识到夫妻关系对孩子的成长影响有多大，所以他也不断地去调整他与我的沟通方式，我们之间也慢慢学会了尊重、体贴和谅解。

一个和睦的家庭必然会让孩子改变和进步。之前，我的孩子不合群，但是经过这一年的努力，他真的发生了很大的变化。他学会了怎么跟同学分享和交流，变得阳光开朗。在学习方面，特别是在复习阶段，他变得主动和自觉。在家里，他根本不需要我督促，就会分担家务。

我坚信，在和谐的家庭氛围下，孩子一定会健康、快乐地成长，这也是我最想看到的。学习和改变的过程是一个让人难受的过程。曾经，我也质疑过还要不要坚持学习，因为有时候还是无法很好地控制自己的情绪，连我自己都无法原谅自己，特别内疚和痛苦。幸运的是，扶鹰提供了一个“加油站”，来自全国各地的父母的分享鼓励了我。

终于有一天，我明白了人无完人，人都会犯错误，只是犯错的概率有高有低而已。所以，根源还是在于自己的能量够不够。后来，我走上了讲台，将自己的心得和喜悦分享给更多的家长。当你不断地去分享时，就意味着有更多的机会去锻炼自己，也需要更大的能量和更多的积累。

自从走上讲台后，我发现自己每天都是正能量满满的。经常会有一些家长跟我讨论和孩子沟通中的一些困惑，我也会尽自己所能去帮助他们。每当帮助到他们，我心中就有一种油然而生的幸福感。我觉得可能这就是一个人人生价值的实现吧，这种感觉令我特别满足。

追随扶鹰的一年时间里，让我拥有了一个幸福、美满的家庭，万分感谢。我也希望能够把这份喜悦和收获分享给千万个家庭，让他们更加幸福，让他们的孩子快乐、健康成长。

扶鹰是离幸福最近的地方

——李梅

我叫李梅，是两个孩子的妈妈，曾就职于温州一个大型美容美体连锁俱乐部。我的老板极具智慧和能力，近两年来，成功涉足整形医院和月子中心，对我也比较重视，欣赏我的纯朴，期盼有一天我能在工作上取得突破，成为他的左膀右臂。朋友们都很羡慕我。可是我依然十分茫然，找不到人生的目标和动力。

在兜兜转转追求幸福的过程中，我遇到了扶鹰教育，遇到了王金海老师，我突然发现扶鹰离幸福最近。只要你去靠近它，你就可以追求到幸福。

于是，我跟温州的伙伴不远千里去参加扶鹰的课程，包括亲子训练营、智慧父母班、父母导师班、领袖演说班等课程，扶鹰学院线上的所有课程一节也没有落下！我发现自己慢慢找到了自己，找到了人生的方向，一切开始追随自己的内心，一切向内看。

以前，孩子们都会说在我身上找不到母爱。现在，我开始用心对待孩子、体谅老公，孩子们逐渐能够感受到母爱和家庭的幸福了。现在，老公和孩子们也开始加入到扶鹰的学习当中。

我也把扶鹰介绍给了身边的好朋友，并把扶鹰引进到温州当地的实验小学，联合学校打造家长课堂，希望通过王老师的课程能唤醒和指引更多在徘徊和迷茫中的灵魂。2017年，我正式辞职，决定专心和温州的伙伴们宣传扶鹰教育。因为它离幸福最近，只要你愿意，便触手可及！

扶鹰让我越来越像女人

——张晓煜

我叫张晓煜，在遇到扶鹰以前，我觉得自己一点儿都不像一个女人。别人家都是出门前老公等老婆，在我们家是我等我老公。其实我老公很优秀，但是以前我都没有意识到，我怎么看他都不顺眼。因为他经常出差，家里的重担都压在我一个人身上，只要他回家，我就会把所有的气都出在他身上。但每次发完脾气，我都很不舒服，而且问题也没有解决。到孩子上三年级时，我发现我儿子跟爸爸讲话的模式和我跟他爸爸讲话的模式一模一样，才明白问题很严重，于是在网上各个平台不断听课学习，但一直没有什么效果。后来听到王金海老师的“开启孩子学习的内心动力”讲座，我一口气反复听了七次，因为我发现他和我的理念高度契合。

通过接下来和扶鹰深入地接触，我发现自己收获了很多。首先，我和老公的关系发生了很大的变化，以前，他做完菜端上桌，我会挑剔这个淡了，那个咸了，这个酱油颜色深了……现在，我学会了点一点、笑一笑、夸一夸。今年回家过年，我很郑重地跟我的公公婆婆道谢。

当着全家人的面感谢他们培养了这么有责任心，又懂得孝顺父母的优秀儿子。那一刻，我老公看着我的眼神都在放光。其实我说的一点儿都不假，有一次，我母亲生了很严重的病，需要大笔医疗费。我告诉了我老公，他只说了一句话："你怕什么？我们还有一套房子。"意思是可以为了救我母亲把房子卖了，那一刻，我觉得这辈子没有选错人。但是，以前即便是这样，我都没有夸过我的老公。后来通过学习，扶鹰让我越来越认识到夫妻相互赞赏的力量，老公也越来越觉得我有女人味了。

儿子自从上过扶鹰的亲子课后，发生了很大的改变，学习变得很主动，期末还被评为“三好学生”，老师都说我儿子的进步非常大。其他家长都来向我取经，问我去哪里学习了，我就把王老师的课程推荐给了他们，没想到班上学霸的父母都开始进入扶鹰学习。真的很感谢扶鹰，感谢王老师，让我和我的家庭那么快地成长！

扶鹰让我儿子找到了向上的动力

——吴旻珺

我叫吴旻珺，我的儿子叫董欣灵，今年 10 岁。我们和王金海老师结缘于他的线上微课“开启孩子的内心动力”。那段时间正是我最焦虑和灰暗的时期，我的孩子之前非常优秀，在上海的一所私立名校就读，但是从二年级开始突然厌学，变得不听话，会顶撞老师，作业也经常做到晚上十一二点，考试的时候考卷都是整面整面的空白。为此，我和他爸爸都很担心，老师也找我们谈过好几次话。

我们试过很多方法，但是孩子遇到问题就双手一摊，说一句：“我不会。”

这时候，我感觉有力也不知道往哪里使，真的不知道

该如何是好了。所以，当我一看到这个微课题目时，就眼前一亮，抱着试一试的态度开始听课。没想到，这一听就停不下来了，课程中的故事都是实际发生的，道理也很朴实、接地气，哪怕是没有学过心理学的家长都可以听懂。在听了微课后，我就很想见一见王老师本人，于是千方百计找到了他的联系方式，带着孩子去参加了他的线下活动。

孩子刚开始参加活动时，对什么都无所谓。当时，王老师对他的点评是：感觉孩子像是漂在水上的浮萍，随风漂流，没有安全感，不知道自己何去何从。在后面的一次次活动中，我看到孩子慢慢对自己有了要求，目标也越来越明确。每次互动后，他回家说得最多的就是“王老师说的”，甚至有一次在作文里还把王老师教导他们的话语作为金句写了进去。可见，孩子是多么崇拜王老师，孩子真的需要有人来引领他。

现在，孩子变得积极向上，一步步在往好的方向发展。与此同时，我和他爸爸也在不断地学习和改变，我们的家庭变得温馨、和睦。我坚信，跟着扶鹰学习，就会真的找到幸福，我也希望把这份幸福传递给更多的孩子和家庭。

扶鹰不仅改变了我的家庭，更提升了我的胸怀和格局

——金意景

我叫金意景，在我孩子的小学家长会上有幸结缘扶鹰。一年半以来，我的思想发生了巨大的改变，择几个要点分享一下：

首先，改善了家庭关系。女儿五年级之前，总是跟我对着干。每天催她睡觉，催她起床，掐着点儿送她去上学，我满怀焦虑与埋怨，孩子的状态也不好。她生活懒散，集体活动出门也不愿和我走在一起。现在，她主动起床，偶尔叫她起床，也不抵触，还有感谢之意。她现在喜欢和我在一起，讲她在学校的各种故事，喜事、伤心事都乐于分享，不再是报喜不报忧，母女关系变得亲密无间。

另外，以前夫妻关系理性成分很多。我爱老公的大方、善良、不抽烟不喝酒的自律、对我父母的孝顺，以及他的爱屋及乌，对我一些条件不好的亲戚，都提供了很多无私的帮助。我理性地包容他回到家只对着电视、手机，什么家务都不做。女儿在学校哪个班他都不知道！可是进扶鹰学习了以后，我知道老公的毛病是我和我婆婆宠的。从此接送孩子，只要他有空都是他的事，他也乐此不疲。以前，他饭吃到哪儿，碗就放到哪儿，现在还会进入厨房帮忙刷锅洗碗。前几天吃玉米，由于太烫，他还贴心地帮我用筷子插起来，我非常感动。他甚至开始主动去菜市场买菜。

原来，不是他不干，而是我没有以弱者身份邀请他帮着做家务。我的脚受伤期间，父女俩一起为我洗脚、敷药，看着两个我最爱的人一起为我忙前忙后，那份感动，那份幸福，无以言表。

其次，改善了我的工作状态。我们单位很多人的价值观扭曲，有欺负老实人的倾向。会干活、爱干活的人，活越来越多，还吃力不讨好，受排挤，因为你去干的过程中总会得罪人。越到底层，这种倾向越明显。所以，我身边会干活的人，看着单位的不公平，总是满腹牢骚。我在承担自己的工作，调节自身情绪的同时，还不得不帮助他人排解情绪，听得多了就会受影响，心情不好。但自从在扶鹰学习后，我的意志开始坚定无比，相信优良品质才是做人的根本。虽然我的奋斗精神不会让我从单位获取更多的薪酬，但它会传递给我的女儿。事实上，我的工作精神也让我受益良多，负责的项目越来越大，岗位越来越重要，领导及下属对我的信任度及依赖度越来越高。扶鹰的课教会了我如何与他人沟通、相处，如何引领孩子，成为孩子的方向导师、规则导师、精神导师，要以同理心对别人，要多听少说，要敬畏他人，对别人点一点、夸一夸、赞一赞、竖一竖……这些同样适用于工作岗位，简直攻无不克，所向披靡，工作氛围好，工作成果也不错。与我打交道的业务单位基本都能如期完成工作任务，关键还能做到相互理解、相互包容。很多与我打交道的工作伙伴都和我成了朋友，我想我的沟通交流一定在其中起了不少积极作用。

最后，提升了我的胸怀和格局。“站高一线看教育”“十年树木，百年树人”“用三百年的眼光培养孩子”“要想树茂密不倒，根就要扎得够深”“重复学习，反复实践，帮助他人”，过去我对这些话的理解仅仅停留在字面上，现在能内化于心，修身、养性、持家，注重家庭、家风、家族文化的培养、积淀和传承！心胸豁然开朗，犹如四面八方涓涓细流汇入心田，滋润身体这棵大树，结出温暖、丰润的果实，供人品尝。过去从未像今天这样强烈地想回馈社会，实现自我价值。而自从帮助别人以后，在别人对你的那份感激与谢意中，我收获了如此多的喜悦和甜蜜，一下子觉得境界提高了不少，幸福得令人晕眩。

我爱扶鹰，我感恩扶鹰，并立志传播扶鹰，让更多的家庭、更多的孩子受益于扶鹰！

后　记

随着我们的讲课内容在喜马拉雅电台的传播，每天都能收到大量的反馈，很多人要带着孩子来找我，也有很多人问我有没有出版书籍。我一直不觉得有必要写书，甚至心想：如果非要写就找一个人代笔，现在这样代人写书的机构非常多，况且很多人买了书都不看，那么辛苦写书的意义又在哪儿?

有一次和中科大教授，也是中国科学技术大学少年班最早发起人之一——司有和老师见面，他看出我对写书不够重视，就对我说："这是我们给这个社会留下的宝贵财富，有一天我们不在了，我们的思想还在。"这句话让我在那个晚上反复思考了很久，终于决定要写书，而且每个字都要自己写。

对于一个每天行程都被排满的人来说，写书是一个痛苦的蜕变过程，需要专注的精神，要排除外部干扰，心无旁骛。最后，我只能每天关掉手机，让自己真正安静下来。感谢这长达三个月的写书过程，让我整理了很多自己讲课的内容，也让我总结了很多进步的家庭教育案例。这个过程虽然枯燥，却是美好的回忆。现在，我可以很骄傲地说，这本书除了“扶鹰家庭成长故事集”，每个字都是我自己写的。整个撰写过程保证以下几点：

1. 生活化的语言

我在浙江大学读本科时的专业是土木工程，读博士时的专业是岩土，典型的工科男，基本特点是重视逻辑，但是有时语言难免枯燥。不过，为了让大家方便理解本书的内容，书中的语言全部采用生活化的语言，也没有用大量心理学、教育学的专业名词。以有用为第一原则，我们坚信只有看得懂，才能做得到。

2. 实践过的方法

每章推荐的方法背后都有大量的实践案例做支撑。我们已经帮助千万个家庭走在进步的路上，所以我们有更多机会概括和总结这些方法的普适性。

3. 真实的故事

或许会有人怀疑：提供家庭成长故事案例的人，是不是找来的托儿？本人以人格担保，所有的进步案例全部是真实的，也都是受益者本人亲笔书写的。他们生活在全国各地，而且都在参与帮助更多家庭进步的活动。

在这个时代，我们获得信息的方式已经从传统的纸张，发展成如今的音频、视频，所以父母更需要通过营造阅读氛围来培养一个喜欢阅读的孩子。若是每天晚上父母都安静地读书，这个家庭的孩子会有更大可能成为未来的学霸。反之，父母自己浮躁、焦虑，却逼孩子读书，结果一定会适得其反。

这本书能够顺利出版，首先要感谢中国科学技术大学的司有和老师对我的指导和鼓励。其次要感谢我们的课程研发团队的丁佳丽老师和常慧娜老师，她们一起参与讨论课程内容，反复推敲课程中推荐的方法，用专业、严谨的态度呈现最优质的内容。感谢我的好朋友郧微莹给予无私的帮助，感谢磨铁整个团队对于书籍的严格把关，感谢书中每一位提供自己曾经失败但及时转变的教育案例的父母，感谢所有在过去愿意践行我们所讲课程的学员，希望这本书能为中国的家庭教育做出一点儿贡献！

王金海

2019 年 6 月 23 日写于金华